Institut
für ausländisches und internationales Privatrecht

BEITRÄGE
zum
ausländischen und internationalen Privatrecht

Herausgegeben in Gemeinschaft mit

E. Heymann, M. Pagenstecher, F. Schlegelberger,
H. Titze, M. Wolff

von

E. Rabel
Direktor des Instituts für ausländisches
und internationales Privatrecht

Heft 2

Berlin und Leipzig 1930

Walter de Gruyter & Co.

vormals G. J. Göschen'sche Verlagshandlung — J. Guttentag, Verlagsbuchhandlung
Georg Reimer — Karl J. Trübner — Veit & Comp.

Die Haftung des Verkäufers einer fremden beweglichen Sache

in den Vereinigten Staaten von Amerika
in Vergleichung mit dem deutschen bürgerlichen Recht

Von

Dr. John Wolff

Berlin und Leipzig 1930

Walter de Gruyter & Co.

vormals G. J. Göschensche Verlagshandlung — J. Guttentag, Verlagsbuchhandlung
Georg Reimer — Karl J. Trübner — Veit & Comp.

Vorwort des Herausgebers.

Das in den Vereinigten Staaten von Amerika geltende Obligationenrecht ist ein bisher wenig erforschter Gegenstand, zugleich von höchster Wichtigkeit für den Geschäftsverkehr des europäischen Kontinents mit Amerika, vor allem aber auch für die rechtsvergleichende Zusammenfassung der modernen Schuldrechte. Als ich sofort nach der Gründung des Instituts für ausländisches und internationales Privatrecht den langgehegten Plan einer rechtsvergleichenden Darstellung des Obligationenrechts mit neuen Hoffnungen in Angriff nehmen konnte, verstand es sich als erste Notwendigkeit, daß der uns zur Verfügung stehende Stoff ergänzt werde durch eine bessere Erfassung des englischen Rechts und durch eine Klärung des nordamerikanischen Rechtszustandes von Grund auf. Das Institut wird bald mit der Veröffentlichung seiner Arbeiten auf diesem Gebiete beginnen können. Vorausschicken dürfen wir zwei Arbeiten junger deutscher Juristen, die sich dem amerikanischen Obligationenrecht zugewendet haben. Die vorliegende Heidelberger Doktor-Dissertation von Dr. John Wolff und die Berliner Doktor-Dissertation von Dr. Wolfgang Friedmann über die Quasi-Kontrakte sind erfreuliche Vertreter ihrer Gattung, die ich umso lieber in die rechtsvergleichende Literatur einführe, als die erstere Schrift die Rechtsmängelhaftung behandelt, deren rechtsvergleichende Behandlung ich vor fast 30 Jahren im unvollendeten Manuskript belassen mußte, und die andere Schrift durch das Programm des Instituts angeregt wurde und in die Mitte seines Arbeitskreises eingreift.

E. Rabel.

Vorwort des Verfassers.

Diese Arbeit, zu der mich Studien im Gebiet des amerikanischen Obligationenrechts führten, hat der juristischen Fakultät der Universität Heidelberg im Sommer 1929 als Dissertation vorgelegen. Im Januar 1929 habe ich im rechtsvergleichenden Seminar des Herrn Geheimrats Professor Dr. Rabel über denselben Gegenstand referiert. Herrn Geheimrat Rabel sage ich für die hierbei erhaltenen wertvollen Anregungen, sowie für die Erlaubnis, die Bibliothek des Berliner Instituts für ausländisches und internationales Privatrecht benutzen zu dürfen, auch an dieser Stelle meinen verehrungsvollen Dank. Desgleichen danke ich Herrn Prof. Dr. Mitteis für die wohlwollende Förderung, die er als Fakultätsreferent der Arbeit hat zuteil werden lassen.

John Wolff.

Inhaltsübersicht.

A. Einleitung.

I. Der Haftung des Verkäufers wegen Mangels im Recht kommt in den Vereinigten Staaten eine erheblich größere praktische Bedeutung zu als nach deutschem Recht. Während durch die Vorschriften des BGB (§§ 932 ff) und HGB (§ 366) der Erwerb vom Nichtberechtigten durch guten Glauben in weitem Umfange Anerkennung gefunden hat, gilt in den Vereinigten Staaten die Regel: No one can give what he has not,[1] ein Grundsatz, welcher dem römischen: nemo plus iuris transferre potest quam ipse habet[2] entspricht. Nicht einmal der in England seit langem geltende Rechtssatz, wonach beim Kauf auf offenem Markte (market overt) der gute Glaube des Käufers geschützt wird, ist vom amerikanischen Recht übernommen. Wo aber keine Anerkennung des gutgläubigen Erwerbs, da starke Anspannung der Rechtsmängelhaftung. So sind denn auch die Entscheidungen, welche sich mit diesem Problemkreis beschäftigen, äußerst zahlreich.[3]

Eine systematische Darstellung der Rechtsmängelhaftung zu geben, soll im folgenden versucht werden. Dabei war im Interesse der Einheitlichkeit und der Klarheit im Aufbau eine Beschränkung auf den einfachsten und zugleich wichtigsten Rechtsmangel, das fehlende Eigentum, geboten. Ferner war zu berücksichtigen, daß das englisch-amerikanische Recht, abweichend vom deutschen, verschiedene Normen für den Mobilien- und den Immobilienkauf

---

[1] Vgl. Williston, on Sales, 2. Auflage, 1924, § 311.

[2] Die Regel leidet gewisse eng umgrenzte Ausnahmen. Vgl. darüber Williston a. a. O. Doch davon ist hier nicht zu handeln. Diese Fälle bleiben bei der folgenden Darstellung außer Betracht.

[3] Die geringste Rolle spielt die Rechtsmängelhaftung wohl heute in Schweden: Dort braucht der Käufer beweglicher Sachen dem Eigentümer nur gegen Lösegeld herauszugeben. Vgl. Tore-Almen, Das skandinavische Kaufrecht, deutsche Ausgabe von Neubecker, 1922, Bd. II, § 59, S. 251.

aufgestellt hat.[1] Deshalb erschien es aus denselben Gründen angezeigt, unter Auslassung des Grundstückkaufrechts das Thema wie geschehen zu formulieren. Dabei wird unter Verkauf beweglicher Sachen das Rechtsgeschäft verstanden, welches die Amerikaner im Gegensatz zu sale of real estate als sale of goods — auch sale of chattels, personal property, personalty — bezeichnen. Die Begriffe goods und bewegliche Sachen decken sich nicht völlig,[2] kommen sich aber so nahe, daß die gewählte Übersetzung statthaft ist, besonders in Anbetracht der Tatsache, daß es keine bessere gibt.[3]

II. Die Rechtsquellen des Kaufrechts sind

1. das von den Engländern, welche Nordamerika besiedelten, vom Mutterland mit hinübergebrachte, durch die Übung der amerikanischen Gerichte fortgebildete common law.

2. Statute law.

a) Da ein einheitliches geschriebenes Kaufrecht schon seit langer Zeit als notwendig empfunden wurde, so haben sich die von den einzelnen Staaten bestellten Kommissare zur Schaffung einheitlicher Gesetze (commissioners on uniform state laws) auch mit dem Kaufrecht befaßt. Die Vereinheitlichungsbestrebungen führten zur Schaffung eines Uniform Sales Act, der im Jahre 1906 angenommen wurde. Dieses nach dem Vorbild der englischen Sale of Goods Act von 1893 verfaßte, doch wesentliche Änderungen enthaltende Gesetz ist bisher in etwa 30 Staaten, d. h. also der überwiegenden Mehrheit, eingeführt worden.[4]

b) Einzelstaatliche, nicht auf der Sales Act beruhende Statutes, wie sie sich z. B. in Kalifornien und Montana finden.

III. Das Recht der Vereinigten Staaten gelangt zur Darstellung mit Ausnahme des in Louisiana geltenden Rechts. Dieser Staat hat im Jahre 1808 den französischen Code Civil eingeführt, welcher noch heute dort gilt.

---

[1] Vgl. über die Gründe Schirrmeister-Prochownick, Das Bürgerliche Recht Englands (Kommentar), Bd. II, Obligationen-Recht, 5. und 6. Lieferung, 1912/13.

[2] Vgl. darüber ausführlich Prochownick, S. 81 ff.

[3] So auch Prochownick, S. 281.

[4] Die Staaten sind angegeben in der Zeitschrift für ausländ. u. internat. Privatrecht. Jahrg. 1, S. 189.

B. Die Gültigkeit des Kaufs einer fremden Sache.

Das amerikanische Recht kennt zwei verschiedene Kaufvertragstypen, den contract to sell, auch executory contract genannt,[1] und den Sale, oder executed contract.[2]

1. Den contract to sell definiert die Sales Act, entsprechend dem common law[3] folgendermaßen: A contract to sell goods is a contract whereby the seller agrees to transfer the property[4] in goods to the buyer for a consideration called the price,[5] d. h. ein Vertrag, inhalts dessen der Verkäufer verspricht, dem Käufer für ein Entgelt, Preis genannt, das Eigentum an Sachen zu übertragen.

Es erhebt sich die Frage, ob die Gültigkeit des Vertrages dadurch beeinflußt wird, daß Verkäufer (V.) zur Zeit des Abschlusses nicht Eigentümer der verkauften Sache ist. Die Frage ist, für den Regelfall wenigstens, zu verneinen. V. mag das Eigentum oder die Verfügungsmacht vor dem für die Übertragung festgesetzten Zeitpunkt erwerben.[6] Freilich besteht die Möglichkeit, daß er dazu nicht in der Lage ist, z. B. weil er kein Geld hat, um sich die Sache zu beschaffen, oder weil der Eigentümer aus anderen Gründen das Eigentum nicht aufgeben will. Darauf kommt es aber nicht an. Der Grundsatz des deutschen Rechts, daß lediglich das Unvermögen des einen Teils zur Leistung der Gültigkeit des Vertrags nicht entgegensteht,[7] dürfte unausgesprochen auch in den Vereinigten Staaten rechtens sein, ohne daß man dort allerdings zwischen Unmöglichkeit und Unvermögen begrifflich scheidet.[8]

In diesem Zusammenhang darf nicht unerwähnt bleiben, daß das Reichsgericht neuerdings in m. E. äußerst bedenklicher Weise die Grenzen zwischen Unmöglichkeit und Unvermögen verwischt

---

[1] Vgl. 35 Cyc. 27 unter B.

[2] Vgl. 35 Cyc. 27 unter A.

[3] Vgl. z. B. 34 A. 919/920 (175 Pa. St. 586) Strong v. Dinnini, 1896 und 35 Cyc. 27 unter B.

[4] Unter property ist nach sec. 76 the general property zu verstehen, unter general property das Eigentumsrecht an einer Sache im Sinne des deutschen Rechts. Vgl. Prochownick, S. 302.

[5] Sec. 1, Ziff. 1.

[6] Vgl. 47 S. E. 200 (119 Ga. 851) Northington Munger Pratt Co. v. Farmers Gin und Warehouse Co. 1904; 197 P. 661 (51 Cal. App. 585) Maloney v. Houston, 1921, unter 1.

[7] Vgl. RGRKomm. zu § 306, N. 2. Dort wird als Beispiel für bloß persönliches Unvermögen gerade der Fall angeführt, daß jemand eine fremde Sache verkauft.

[8] Vgl. die angeführten Entscheidungen.

hat. Der Entscheidung RGE 105,349 lag der Fall zugrunde, daß jemand dem Militärfiskus gehörige und diesem gestohlene Pferde an einen Dritten verkauft hatte. Das Reichsgericht erklärte den Vertrag gemäß § 306 BGB für nichtig, weil mit der Zustimmung des Eigentümers, des Fiskus, nicht zu rechnen gewesen sei. — Darauf kommt es nicht an. Es heißt in die Lehre von der Unmöglichkeit ein fremdes subjektives Element hineintragen, wenn man darauf abstellt, ob mit der Zustimmung des Eigentümers zu rechnen ist oder nicht. Entweder der Eigentümer kann, wie im vorliegenden Falle, seine Zustimmung erteilen: dann liegt bloßes Unvermögen des Schuldners zur Leistung vor in dem Sinne, daß zwar nicht er, aber ein anderer die Leistung bewirken kann. Oder eine Zustimmungserteilung ist ausgeschlossen, z. B. weil die Sache extra commercium ist, dann ist die Leistung objektiv unmöglich, denn nicht nur der Schuldner, sondern auch ein Dritter, der Eigentümer selber, ist zur Bewirkung der Leistung nicht in der Lage. Die Entscheidung steht auch im Widerspruch zu der früheren beifallswerten Rechtsprechung des Reichsgerichts.[1]

2. Entspricht der contract to sell in seiner allgemeinen Struktur — nicht im einzelnen — etwa dem deutschen Kaufvertrag, wie er in § 433 BGB geregelt ist, so stellt der sale einen dem deutschen Recht fremden Vertragstypus dar. Die Sales Act, entsprechend dem common law,[2] versteht unter sale of goods an agreement whereby the seller transfers the property in goods to the buyer for a consideration called the price.[3] Es handelt sich dabei also um einen Vertrag, inhalts dessen V das Eigentum dem Käufer (= K) nicht zu übertragen verspricht, sondern für ein Entgelt, Preis genannt, gegenwärtig überträgt. Ein solcher Vertrag ist für deutsche Vorstellungen nur verständlich, wenn man berücksichtigt, daß das amerikanische Recht zur Übertragung des Eigentums nicht, wie § 929 BGB, die Übergabe der Sache erfordert, sondern sich mit der intention of the parties begnügt. Den Parteien steht es also frei, den Eigentumsübergang ohne einen nach außen in Erscheinung tretenden Akt unmittelbar an den Abschluß des Vertrages zu knüpfen. Schriftlich gefaßt, würde ein sale etwa folgendermaßen aussehen: Hiermit übertrage ich dem K. meine Stradivari-Geige für 50.000.

---

[1] Vgl. RGE 101, 294 und die Kritik des RGRKomm. § 306, N. 2.

[2] Vgl. 35 Cyc. 27 unter A, sowie z. B. 119 S. W. 1020, 1052 (138 Mo. App. 557) Barri v. United Rys. Co. of St. Louis 1909.

[3] Sec. 1, Ziff. 2.

Wieder taucht die Frage auf; Wie steht es in diesem Falle mit der Gültigkeit des Vertrages, des sale, wenn V nicht Eigentümer ist? Wie bereits in den einleitenden Bemerkungen erwähnt, erwirbt K mangels Schutzes des guten Glaubens trotz der auf die Übertragung abzielenden intention of the parties die Kaufsache nicht.[1] Der Übertragungserfolg tritt also nicht ein. Mit dieser Feststellung ist aber noch nicht die Ungültigkeit des Vertrages ausgesprochen; diese lediglich aus dem fehlenden Eigentumsübergang zu folgern, wäre abwegig. Eine wortgetreue und zugleich sinngemäße Auslegung des Gesetzes ergibt das Gegenteil. Denn sale ist nicht = transfer of the property — darunter ist zu verstehen die Übertragung des Eigentums im Sinne des § 929 BGB, d. h. wirksame Verfügung = Veräußerung — sondern = agreement whereby the seller transfers the property, d. h. ein Übereinkommen, inhalts dessen V das Eigentum überträgt, mit anderen Worten für die Erfüllung des Begriffes sale kommt es nicht auf das objektive Merkmal des Eigentumsüberganges, sondern auf das subjektive der Parteiabsicht an. Wollten die Parteien einen unmittelbaren Übergang des Eigentums auf K, so liegt ein gültiger sale vor, ganz einerlei, ob V Eigentümer ist, oder ob er es nicht ist, und folglich auch K Eigentum nicht erwirbt.

Diese Auslegung wird als richtig bestätigt durch zwei Entscheidungen. Der ersten[2] lag folgender Tatbestand zugrunde: V hatte dem K durch schriftlichen Vertrag gewisse, angeblich ihm gehörige Gegenstände übertragen. Da er aber gar nicht Eigentümer, nicht einmal Besitzer war, so konnte er nicht liefern. Daraufhin klagte K auf Schadenersatz. Das Gericht führt dazu aus: As the contract declared that the merchandise had been sold to the purchaser and nothing remained for the seller to do except to make delivery, the contract was executed and not executory. However, when the sale was made, the seller had neither title nor possession. Infolgedessen hätte, was hier nicht interessiert, K, da für ihn keine Aussicht bestand, jemals das Eigentum an der Sache zu erlangen, vom Vertrage zurücktreten können. Daraus ergibt sich, obwohl V zur Zeit des Vertragsschlusses nicht Eigentümer war, liegt ein gültiger executed contract = sale vor, da nach dem Inhalt des Vertrages das Eigentum unmittelbar übergehen sollte. Es kommt also nicht darauf an,

---

[1] Auch hier wird von Ausnahmefällen abgesehen.

[2] 280 S. W. 478 (Ky) Roddy v. Sosnow 1926.

ob der Übergang tatsächlich erfolgt ist, sondern lediglich darauf, was die Parteien vereinbart haben.

In der zweiten Entscheidung handelte es sich um einen conditional sale, d. h. um einen Kauf unter Eigentumsvorbehalt im Sinne des § 455 BGB.[1] Die Besonderheiten des conditional sale spielen aber für den hier zu führenden Nachweis keine Rolle. K, im Besitz der Kaufsache, erfährt, während er noch seine Raten zahlt, daß V nicht Eigentümer ist. Daraufhin will K vom Vertrage zurücktreten. Das Gericht würdigt die Sachlage folgendermaßen: It was an executed contract. It was complete and passed a . . . title to the shovel . . . under the contract . . . Warranty of title was implied and appellant, the vendee, had a right, to treat the contract at an end upon discovering that vendor did not have title.

Auch hier wieder dasselbe Bild. Der Vertrag ist executed, weil nach der Parteivereinbarung das Eigentum, wenn auch aufschiebend bedingtes, übergehen sollte. Da K es aber mangels ausreichenden Rechtstitels auf seiten des Verkäufers nicht erworben hat, steht ihm ein Rücktrittsrecht zu,[2] also: für die Gültigkeit des Vertrages spielt das mangelnde Eigentum des V keine Rolle.

Diese subjektive Struktur des Sale nachdrücklichst zu unterstreichen, erscheint erforderlich im Hinblick darauf, daß die Literatur in diesem Punkte unklar ist, zum Teil sogar direkt Falsches enthält. So findet sich gelegentlich ausgesprochen: there can be no sale unless the goods are owned by the seller[3] oder: a contract of sale is necessarily executory if at the time of the contract the property has not been acquired by the seller.[4]

Diese Sätze sind, mit Rücksicht auf die obigen Ausführungen, in ihrer Allgemeinheit unrichtig. Sie gehen von einem sale-Begriff aus, der von der herrschenden Definition abweicht; sie setzen nämlich nicht sale = agreement whereby the seller transfers, sondern sale = transfer of the property,[5] d. h. tatsächlicher Übergang des Eigentums von V auf K. In der Tat kommt der Gebrauch des Wortes sale in letzterem Sinne bei manchen common law-Gerichten vor,[6] aber nur ausnahmsweise, überwiegend

---

[1] 235 S. W. 998 Mc. Donnell v. Morgan (Ark.) 1921.

[2] Über die einzelnen Rechtsbehelfe des Käufers vgl. unten.

[3] 35 Cyc. 47.

[4] 35 Cyc. 276.

[5] Vgl. über den Unterschied oben S. 13.

[6] Auf die Doppelbedeutung des Begriffes sale weist als einziger Tiffany, on Sales, 2. Auflage, 1908 S. 2, in einer kurzen Bemerkung hin.

anerkannt ist die oben zugrunde gelegte und von der Sales Act übernommene Begriffsbestimmung.[1] Es ist deshalb zum mindesten irreführend, wenn in der Enzyklopädie[2] gerade und ausschließlich aus dem Salebegriff Folgerungen gezogen werden, der nur von einer Minderheit von Gerichten vertreten wird.

Unklar und mißverständlich ist der sonst vorzügliche Williston: whether a bargain between parties is a contract to sell or an actual sale depends upon whether the property in the goods is transferred. If the property in the goods has not passed, there is but a contract to sell (§ 2). Jeder unbefangene Leser muß aus diesen Sätzen entnehmen: sale liegt nur dann vor, wenn das Eigentum mit dem Abschluß des Vertrages auf K übergeht. Daß dieser Satz für die Sales Act und die herrschende common law-Praxis falsch ist, wurde nachgewiesen. Zwei Erklärungen für die erwähnte Stelle bei Williston sind möglich. Entweder er berücksichtigt nicht die Ausnahmefälle des mangelnden Eigentums des V, unterstellt vielmehr, daß dieser Eigentümer ist. Dann läßt sich natürlich mit Recht sagen, sale ist nur vorhanden, wenn das Eigentum übergeht — zwar nicht, weil das Gesetz sale = transfer of the property setzt, sondern weil die intention of the parties, das agreement whereby the seller transfers the property in diesem Falle ohne weiteres den Übergang des Eigentums zur Folge hat. Oder Williston meint, auch unter Einbeziehung der Fälle mangelnden Eigentums des V, das Richtige, drückt sich aber nicht eindeutig aus. Möglich ist nämlich, daß er mit den Worten: „whether the property is transferred" und „if the property has not passed" gar nicht die tatsächliche Übertragung des Eigentums, d. h. den Erwerb durch den K im Auge hat, sondern stillschweigend voraussetzt", „under the contract" oder „by the terms of the contract", ebenso wie auch die bereits angeführte Entscheidung 235 S. W. 998 vom passing of title „under the contract" spricht. Ja in der Sales Act selber begegnet man dieser Ausdrucksweise.[3] Also ausgelegt, würden die hervorgehobenen Sätze Willistons ein anderes Gesicht gewinnen, nämlich besagen: Ob sale oder contract to sell hängt davon ab, für welchen Zeitpunkt die Parteien den Übergang des Eigentums vorgesehen haben. Wenn das Eigentum auf Grund der Bestimmungen

[1] Vgl. auch die Entsch. 71 P. 184, 186, (30 Wash. 647) Ross. v. Portland Co. 1903.

[2] Vgl. die angeführten Stellen.

[3] Vgl. die später zu besprechende Sec. 63.

des Vertrages sofort übergehen sollte, haben wir es mit einem sale zu tun, in allen anderen Fällen mit einem contract to sell. In diesem Sinne gelesen, stehen die Sätze im Einklang mit dem Gesetz, wie es oben ausgelegt wurde.[1]

Damit ist als Grundsatz die Gültigkeit sowohl des contract to sell als des sale festgestellt, unabhängig davon, ob V zur Zeit des Vertragsschlusses Eigentümer ist oder nicht.[2] Nichtigkeit des Vertrages wird, soweit ich sehe, nur dann angenommen, wenn Gegenstand des Kaufs gestohlene Sachen sind, und beiden Vertragsteilen die Herkunft der Sachen bekannt ist.[3]

C. Die Pflichten des Verkäufers.

Will man die Rechte des K kennen lernen, die ihm das Gesetz im Falle des Rechtsmangels gewährt, so empfiehlt es sich, zunächst von den Pflichten des V zu handeln. Denn von Inhalt und Umfang dieser Pflichten werden die Rechte des K abhängig sein.

1. Unter der Überschrift performance „Erfüllung" findet sich eine dem common law entsprechende Bestimmung in der Sales Act (S. 41), welche lautet: It is the duty of the seller to deliver the goods, d. h. der Verkäufer ist verpflichtet, die verkauften Waren dem K zu übergeben. Schon aus dieser Bestimmung ergibt sich vermöge eines arg. e contr., daß von einer Verpflichtung des V zur Eigentumsverschaffung, wie sie § 433 BGB statuiert, keine Rede sein kann. Freilich sagt Williston bei der Besprechung der Gesetzesstelle (§ 446), sie enthalte keine erschöpfende Aufzählung der Pflichten des V. Er sei selbstverständlich auch verpflichtet, to transfer a good title.[4] Doch dieser Satz ist mit großer Vor-

---

[1] Auch von Prochownick wird für das dem amerikanischen entsprechende englische Recht der Unterschied zwischen contract to sell und sale nicht richtig herausgearbeitet. Während er S. 283 sale definiert als einen Vertrag, bei dem das Eigentum mit dem Abschluß des Vertrages auf K übergeht, heißt es plötzlich S. 288 (unter Bezugnahme auf S. 283!), bei dem das Eigentum „übergehen soll".

[2] Anders in Louisiana. Entsprechend dem Code Civil bestimmt dort Art. 2452: Sale null when seller not owner. Vgl. Herricks Revised Civil Code of Louisiana 3. ed. 1925. Doch vgl. auch Art. 2476 u. 2500 ff., sowie z. Recht des Code Civil, Rabel, Haftung, S. 242 ff.

[3] Vgl. 159 N. E. 541 Nickel v. Fox (Mass.) 1928 a. E. Ebenso schon die kanonische Literatur. Vgl. Rabel, Haftung des Verkäufers wegen Mangels im Recht, S. 267 ff.

[4] Ebenso Burdick, on Sales, 3. Aufl., 1913, S. 99, sect. 137. Vgl. auch 2 Rich. (S. C.) 464 Boinest v. Leignez, 1846.

sicht aufzunehmen. Richtig ist daran nur so viel, daß der Kauf auf Rechtsverschaffung gerichtet ist. Dies erhellt schon aus der Definition des contract to sell, worin zum Ausdruck kommt, daß der V dem K verspricht, ihm das Eigentum zu übertragen, eine Rechtspflicht zur Verschaffung im Sinne des deutschen Rechts, d. h. eine Verpflichtung nicht nur zur Vornahme des formellen Übertragungsakts, sondern zur Ergreifung aller rechtlichen Schritte und zur Abgabe aller Erklärungen, welche zur Herbeiführung der dinglichen Rechtswirkung erforderlich werden, besteht nach amerikanischem Recht nicht. Bezeichnenderweise verweist denn auch Williston zur Stützung seiner Ansicht, daß der Verkäufer verpflichtet sei, to transfer a good title, auf die Vorschriften über die Gewährleistung (warranty of title), woraus man ersehen kann, daß dem amerikanischen Juristen der begriffliche Unterschied zwischen der Verpflichtung zur Gewährleistung und einer solchen zur Rechtsverschaffung völlig unbekannt ist.[1] Daß letztere Verpflichtung[2] nicht besteht, läßt sich aber nicht nur aus dem Fehlen einer entsprechenden gesetzlichen Bestimmung entnehmen, sondern ergibt sich klar auch aus folgendem:

Nach bürgerlichem Recht ist einer der wichtigsten Anwendungsfälle des in § 433 niedergelegten Prinzips das Klagerecht des im Besitz befindlichen, aber des Eigentums ermangelnden K auf gehörige Erfüllung durch Verschaffung des Eigentums.[3] Diese Klage hat praktische Bedeutung vor allem dann, wenn der Dritteigentümer bereit ist, gegen Entgelt das Eigentum aufzugeben.[4]

---

[1] Vgl. darüber Siber, Rechtszwang im Schuldverhältnis, 1903, S. 161 ff.

[2] Im Hinblick auf die Eigentumsverschaffung liegen dem Verkäufer nach amerikanischem Recht noch weniger Pflichten ob als nach römischem. Während der Verkäufer in Rom den formellen Übertragungsakt vorzunehmen und im übrigen Gewähr zu leisten hatte (vgl. Rabel, Grundzüge des römischen Privatrechts in der Enzyklopädie der Rechtswissenschaft von Holtzendorf-Kohler, 7. Auflage, 1. Bd., 1915, S. 464, nach Anm. 3), kann im amerikanischen Recht von einer Verpflichtung zur Vornahme des formellen Übertragungsaktes um deswillen keine Rede sein, weil normalerweise zur Übertragung nicht ein Akt, sondern nur die auf Übertragung gerichtete intention of the parties erforderlich ist.

[3] Vgl. z. B. RGE 117, 335/6.

[4] Die abwegige Ansicht Schloßmanns, Anspruch usw. auf Herbeiführung eines Rechtserfolges, Jehrings Jahrbücher 45, S. 109, daß die Verpflichtung zur Rechtsverschaffung nur auf die von der Schuldnerseite dazu erforderlichen Handlungen und außerdem auf Gewährleistung, d. h. auf Schadensersatz für den ausbleibenden Erfolg gerichtet sei, ist von Siber, S. 165 f. widerlegt.

Wird V in diesem Falle zur Verschaffung des Eigentums verurteilt, so steht der Vollstreckung nach § 887 ZPO nichts im Wege. Die Verschaffung ist keine unvertretbare Handlung, weil es dem Gläubiger völlig einerlei sein kann, ob sie durch den Schuldner oder einen Dritten geschieht.[1] Infolgedssen kann K ermächtigt werden, die Handlung, d. h. das Rechtsgeschäft der Eigentumsverschaffung auf Kosten des Schuldners V vornehmen zu lassen.

Der Verschaffungsanspruch ist aber auch dann gegeben und die Klage — wenn auch ohne ersichtliche praktische Bedeutung — begründet, wenn V zur Verschaffung des Eigentums unvermögend, weil der Eigentümer nicht zur Aufgabe des Rechts bereit ist. Der V hat sein Unvermögen zur Leistung zu vertreten und muß deshalb zur Verschaffung verurteilt werden. Daß die Vollstreckung in diesem Falle scheitert, ist eine andere Frage.[2]

Im Gegensatz zum deutschen Recht versagen die common law-Gerichte im eigentlichen Sinne, die sog. courts of law, dem verletzten Vertragsteil[3] einen Anspruch auf specific performance, auf Erfüllung, und gewähren dem vertragstreuen Teil bei Nichterfüllung des anderen nur Schadensersatzansprüche.[4] Die Klage auf specific performance lassen durchdringen lediglich die courts of equity,[5] aber auch nur unter ganz bestimmten, eng umgrenzten Voraussetzungen. The specific performance of contracts is purely a remedy administered by courts having equitable jurisdiction and the right to it is purely a remedial right[6] und weiterhin: The right to this equitable remedy is . . . strictly ancillary and supplementary remedy and is confined to those classes of agreements for whose breach the mere payment of pecuniary damages is acknowledged to be either impractical or inadequate.[7] Der Rechtsbehelf ist ferner discretionary, d. h. es hängt in jedem Einzelfalle von dem billigen Ermessen des Richters ab, ob er der Klage auf specific performance stattgeben will oder

---

[1] Vgl. Siber, a. a. O., S. 164.

[2] So mit Recht die herrschende Lehre. Vgl. Planck, § 440 N. 3; Staudinger, § 440, I Ba gegen Siber, a. a. O.

[3] Diese und die folgenden Ausführungen beziehen sich auf Verträge im allgemeinen.

[4] Vgl. Williston on contracts, 1924, sec. 1418.

[5] Vgl. über den Gegensatz von courts of law und courts of equity, Corpus Juris Bd. 15, S. 720, § 4.

[6] Pomeroy, Specific performance of contracts, 3. Aufl., 1926 § 1.

[7] Pomeroy, § 4.

nicht. Die Anwendung dieser Grundsätze auf sale of personal property führt nun dahin, daß die herrschende Lehre dem Anspruch des K auf specific performance fast durchweg die Berechtigung abspricht mit der Begründung, Geldersatz sei „adaequate Kompensation". Prima facie it will be assumed that other property of a similar character would have been obtained in the market and that damages would therefore afford complete relief.[1]

Kann somit schon von einem Erfüllungsanspruch des K im allgemeinen — sei es nach common law, sei es nach Equity-Recht — keine Rede sein, so ergibt sich daraus als notwendige Folge, daß dem K auch ein Rechtsanspruch auf Verschaffung des Eigentums nicht zusteht. Darin aber gerade gipfelt das im deutschen Recht anerkannte Eigentumsverschaffungsprinzip. Während daher das BGB die Haftung wegen Mangels im Recht als einen Teil der Erfüllung des Vertrages ansieht,[2] betrachtet das amerikanische Recht die Haftung als Folge einer besonderen gesetzlichen Garantiepflicht, der implied warranty of title. Von seinem Standpunkt aus folgerichtig, unterstellt daher das BGB. die Haftung für Rechtsmängel den gewöhnlichen Regeln über die Nichterfüllung gegenseitiger Schuldverhältnisse (§ 440, Abs. I), wohingegen die Sales Act. von den remedies of the buyer for breach of warranty in einem eigenen Paragraphen — sec 69 — handelt. Dies führt auf eine Betrachtung des Instituts der warranty of title.[3]

2. Die Gewährleistungspflicht.

a) Wann, unter welchen Voraussetzungen haftet der Verkäufer?

Das alte englische common law kannte keine Haftung des V für Mängel im Recht. Als charakteristisch für den damaligen Rechtszustand wird vielfach folgendes von einem common law-Schriftsteller gebildete Beispiel angeführt:[4] If I take the horse of another man and sell him and the owner take him again, I may have an action of debt for the money: for the bargain was perfect by the delivery of the horse and caveat emptor. D. h. der Käufer kauft in Ansehung von Rechtsmängeln auf seine eigene

---

[1] Lawrence, on Equity Jurisprudence, 1929, Bd. I, § 263; vgl. auch Williston, on Sales, § 602.

[2] Herrschende Lehre; vgl. Enneccerus, Recht der Schuldverhältnisse, Bd. I, 2, 23./27. Auflage, 1927, § 330.

[3] Vgl. über den Begriff warranty im allgemeinen. 35 Cyc. 365.

[4] Noys Maxims C 42, zit. bei Benjamin, on Sales, 6. Auflage. 1920, S. 693, Note g.

Gefahr. Die Entwicklung führte dann in jahrhundertelanger beharrlicher, doch schwer umkämpfter Rechtsfortbildung über die Anerkennung einer vertraglich vereinbarten (express) Gewähr in allen und einer gesetzlichen (implied) warranty in gewissen Ausnahmefällen zu der berühmten Entscheidung Eichholz v. Bannister.[1] Darin wurde ausgesprochen, daß V in jedem Kaufvertrage kraft Gesetzes für seinen Rechtstitel Gewähr zu leisten habe (warrants the title).[2]

Das war im Jahre 1864. Erheblich früher setzte sich diese Rechtsregel (rule) bei den amerikanischen Gerichten durch; schon um das Jahr 1800 — vielleicht noch früher — ergingen entsprechende Entscheidungen.[3] Doch mit einer, dem englischen common law fremden Einschränkung: Nur der zur Zeit des Vertragsschlusses — sei es sale, sei es contract to sell — im Besitz befindliche Verkäufer warrants the title.[4]

Im älteren amerikanischen common law wurde dieser Grundsatz streng durchgeführt. War nicht V, sondern ein anderer im Besitz der Sache, so kaufte K auf seine Gefahr — caveat emptor —, d. h. er konnte, falls er infolge eines Rechtsmangels gar nicht in den Besitz der Kaufsache gelangte, oder ihm die Sache später evinziert wurde, keinerlei Rechte gegen V geltend machen.

Der Gedanke, welcher dieser Regelung zugrundeliegt, dürfte derselbe sein, welcher den § 932 BGB beherrscht. Wer im Verkehr eine Sache erwirbt, soll dem Schein, dem Besitz des Vormanns, trauen dürfen.[5] D. h. nur wer an das Eigentum des veräußernden Besitzers glaubt, ist schutzwürdig, denn nur der im Besitz befindliche Veräußerer läßt die begründete Vermutung aufkommen, daß er Eigentümer sei, allein auf den Besitz des Ver-

---

[1] 17 C. B. (N. S.) 708.

[2] Vgl. über die Entwicklung ausführlicher Williston, on Sales, § 217, sowie Mechem, on Sales, 1901, § 1301 mit Nachweisungen.

[3] Vgl. Page, on the Law of Contracts, 2. Auflage, 1920, § 392 und die dort unter Note 2 angeführten Entscheidungen, sowie Elliott, on Contracts, 1913, § 5003 und die unter Note 36/37 angeführten Entscheidungen. Vgl. ferner 100 So. 101 (Ala.) Edwards v. Beard, 1924; 237 S. W. 629 (Tex.) Nichols v. Lorenz, 1922, Syl. 5; 28 Miss 772, Long v. Hickingbottom, 1855.

[4] Vgl. die letzte der angeführten Entscheidungen, sowie 17 Ind. 365 Norton v. Hooton, 1861, Syl. 2; 60 P. 601 (37 Or. 27), Balte v. Bedemiller, Syl. 1, 1900; 122 N. E. 351 (Ind.) George v. Smith, Syl. 1, 1919.

[5] Vgl. Mitteis in Cosack-Mitteis Lehrbuch des Bürgerlichen Rechts, Bd. II, 1, 7./8. Auflage, 1924, S. 157.

äußerers darf sich der Erwerber verlassen. The mere possession of personal property . . . is presumptive evidence of title.[1] Doch ist auch der Gedanke derselbe, so wirkt er sich erheblich anders aus. Die Schutzlosigkeit, welcher im Falle mangelnden Besitzes des V der K ausgeliefert ist, bedeutet nach deutschem Recht lediglich Nichtanerkennung des gutgläubigen Erwerbs; die Rechte aus den §§ 433 ff. BGB, insbesondere der Eigentumsverschaffung und die Gewährleistungsansprüche bleiben dem K erhalten. Nach amerikanischem Recht verliert K auch die Ansprüche aus der warranty, der Gewährleistung, wird also völlig rechtlos gestellt.[2]

Zu erklären sein dürfte diese äußerst unbefriedigende Rechtsprechung damit, daß die amerikanischen Gerichte, als sie, der englischen Entwicklung vorauseilend, eine allgemeine Garantiepflicht anerkannten, eine Einschränkung für nötig hielten, und später, nachdem ihnen die englischen Gerichte gefolgt waren und sie sogar überholt hatten — 1864 Eichholz v. Bannister — nicht den Mut fanden, das in zahlreichen Entscheidungen immer wieder betonte Erfordernis des Besitzes auf Seiten des V fallen zu lassen. Bezeichnend für diese konservative Einstellung der Gerichte und das Beharrungsvermögen veralteter Rechtsregeln ist das zuletzt angeführte Erkenntnis. Der Richter mißbilligt dort die alte Regel, sträubt sich gegen die Unbilligkeit des Ergebnisses — Tatbestand: V, zur Zeit des Vertrages weder Eigentümer noch Besitzer, hatte nicht geliefert, klagt aber auf den Kaufpreis — hebt lobend den Fortschritt des englischen Rechts hervor und sieht trotz alledem nicht die Möglichkeit, die eingefahrenen Gleise der Rechtsprechung zu verlassen. Der K wird zur Zahlung des Kaufpreises verurteilt nach dem alten Satz: caveat emptor.

Neuerdings macht sich in der Rechtprechung[3] im Anschluß an die Literatur[4] die Tendenz bemerkbar, für die Frage der Rechtsmängelhaftung dem Besitz des V keinerlei Bedeutung mehr beizumessen. So läßt die eben angeführte Entscheidung apparent possession = Scheinbesitz des V als Haftungsvoraussetzung genügen. Die Entwicklung ist noch im Fluß.

Einen Fortschritt und Abschluß in diesem Punkt bringen

---

[1] 251 P. 810 (Cal.) Hull v. Ray, 1926.

[2] Vgl. über einen solchen Fall 20. P. 820 (8. Mont. 380) Budd v. Power, 1889.

[3] Vgl. z. B. 100 So. 101 (Ala.) 1924, Edwards v. Beard.

[4] Vgl. z. B. M e c h e m, § 1302, welcher in diesem Punkt bahnbrechend gewirkt hat.

die modernen Kodifikationen, welche, wie die Sales Act sec 13 und Revised Codes of Montana sec 7608 (1921), sowie Civil Code of California (1923) sec 1765 den Besitz des V als unerheblich gar nicht mehr erwähnen.[1]

b) Wofür haftet der Verkäufer?

He warrants the title, sagt der alte common law-Satz; was aber unter der warranty of title zu verstehen ist, ist äußerst bestritten. In der Rechtsprechung finden sich in der Hauptsache zwei Auffassungen.

α) Die eine knüpft an den Wortlaut des Gesetzes an. Nach ihr haftet der V für seinen Rechtstitel, d. h. er leistet dem K dafür Gewähr, daß er, V, berechtigt ist, die Sache zu verkaufen, insbesondere, daß er Eigentümer der verkauften Sache ist, und zwar zu dem Zeitpunkt, zu dem nach der Absicht der Parteien das Eigentum auf den K übergehen soll. V garantiert also nicht, daß er den K zum Eigentümer macht, sondern — was in der Wirkung freilich auf dasselbe hinauskommt —, daß bei der Vornahme des formellen Übertragungsakts, den in der Regel die intention of the parties ersetzt, auf seiner, des V, Seite diejenigen Voraussetzungen vorhanden sind, welche das Gesetz zur materiellen Wirksamkeit, dem Übergang des Eigentums, erfordert.[2]

β) Nach der anderen Auffassung, welche zu überwiegen scheint, ist die warranty of title nicht das, was ihr Name besagt, keine Gewähr für den Rechtstitel in dem eben erläuterten Sinne, sondern lediglich eine Garantie of quiet possession oder enjoyment.[3] Der V übernimmt nur die Haftung für habere licere, für den ungestörten Besitz des K. The implied warranty of title to chattels is understood to be a title sufficient to retain the possession in the vendee of the chattels.[4]

Der Gegensatz der warranty of title im eigentlichen Sinne[5]

---

[1] Vgl. zur Auslegung der Sales Act, 160 N. W. 1047 (164 Wis. 558, 565), Kirck-Patrik v. Kepler, 1917.

[2] Vgl. 13 Allen 389 Grose v. Henessey (Mass.) 1866, 14 S. W. 418, Puseys Trustee v. Wathen (90 Ky. 473) 1890; 3 Hill (S. C.) 305 Moore v. Hudson Lanham, 1837; 1 Head 506 Wood v. Cavin, 1858, letztere Entscheidung nicht zugänglich, zit. bei Burdick, on Sales, § 155 N. 7.

[3] Vgl. 50 N. W. 694 (47 Minn. 500) Close v. Crossland: quiet possession und quiet enjoyment werden synonym gebraucht.

[4] 41 Cal. 112 Gross v. Kierski, 1871.

[5] Williston, on Sales, sec 221, spricht von warranty of title „strictly so called“ im Gegensatz zu den Entscheidungen, welche „limit the obligation of the seller in effect to a covenant of quiet enjoyment.“

und der zu einer bloßen warranty of quiet enjoyment verflüchtigten warranty of title durchzieht die gesamte Doktrin, Rechtsprechung und selbst die Gesetzgebung[1] mit der Wirkung, daß kaum eine Frage unbestritten und einheitlich zu beantworten ist. Der wesentliche praktische Unterschied wird sofort klar, wenn die Frage auftaucht; kann K, welchem V zwar Besitz, aber kein Eigentum verschafft hat, gegen letzteren Rechte geltend machen? Diese Frage soll uns jetzt näher beschäftigen.

D. Die Rechte des Käufers im ungestörten Besitz der Sache.

I. Steht dem im ungestörten Besitz der Sache befindlichen Käufer ein Schadenersatzanspruch gegen V zu ?

1. Common Law.

Schadenersatz kann K von V verlangen, wenn und soweit ein breach of warranty, ein Bruch der Gewähr vorliegt. Dies folgt aus dem Wesen der Warranty selbst, denn nach einer von Black[2] gegebenen Begriffsbestimmung (§ 212) ist unter Warranty zu verstehen „An agreement to be responsible for all damages which may arise from the falsity of the statement or assurance of a fact.“ Wann man von einer „falsity of assurance“ oder, was dasselbe ist, von einem breach of warranty sprechen kann, hängt von dem Inhalt der warranty ab.

a) Bedeutet nach der oben S. 22 b α entwickelten Auffassung warranty of title die Garantie des V, daß er zu dem für den Eigentumsübergang festgesetzten Zeitpunkt zur Verfügung über die Sache berechtigt ist, so muß die Garantie gebrochen sein, wenn er zu diesem Zeitpunkt nicht verfügungsberechtigt war und folglich auch dem K Eigentum nicht verschafft hat. Daraus wieder folgt mit unabweisbarer Konsequenz, daß dem K, auch wenn er sich im ungestörten Besitz der Kaufsache befindet, ein Schadensersatzanspruch gegen V zusteht. So auch die oben unter S. 22, Note 2, angeführten Entscheidungen.[3]

b) Ebenso sicher ergibt sich aus der Auffassung S. 22 b β, daß dem im ungestörten Besitz — quiet possession, quiet enjoyment — befindlichen K ein Schadensersatzanspruch nicht zusteht, denn V hat dem K lediglich quiet enjoyment garantiert, ein Anspruch

[1] Vgl. z. B. Sales Act, sec. 13, Ziff. 1 u. 2.

[2] On Rescission and Cancellation, 2. Auflage, 1929.

[3] Vgl. auch 116 Mass. 542, Perkins v. Whelan, 1875.

auf Grund von breach of warranty entsteht also erst bei einer vom Eigentümer ausgehenden Besitzstörung.[1]

Streitig ist aber, wann eine Besitzstörung eintritt.

α) Die älteren Entscheidungen neigen dazu, eviction, gerichtliche Entwehrung für erforderlich zu halten. So vertritt z. B. 4ON. Y. 283 Burt v. Dewey (1869) den Standpunkt, nicht einmal das vom Eigentümer gegen K erstrittene, auf Herausgabe der Sache gerichtete Urteil berechtige diesen zur Erhebung der Schadensersatzklage gegen V, solange das Urteil noch nicht vollstreckt sei, denn es bestehe die, wenn auch nicht sehr nahe liegende Möglichkeit, daß der Eigentümer von der Vollstreckung aus irgendeinem Grunde Abstand nehme und K im Besitz der Sache bleibe.

β) Andere Entscheidungen halten zwar ein gegen K ergangenes Urteil ohne dessen Vollstreckung für ausreichend, aber auch erforderlich zur Anstrengung der Schadensersatzklage.[2]

γ) Eine dritte Gruppe von Entscheidungen ruft den Anschein hervor, als ob eine Besitzstörung bereits in der Klageerhebung (bringing of the action) durch den Eigentümer zu sehen sei. Unstreitig fällt die Klageerhebung unter den weiteren Begriff assertion of paramount title, Geltendmachung des Eigentumsanspruches[3] und assertion of paramount title wird gelegentlich als Voraussetzung für die Gewährleistungsansprüche erwähnt. So heißt es z. B. in einer Entscheidung des Staates South Carolina,[4] there is no breach until buyers possession is disturbed by assertion of paramount title. Ähnlich in einer californischen Entscheidung:[5] K hat keine Ansprüche solange der Eigentümer had asserted no rights and defendant (= K) enjoyed peaceful possession. Die angeführten Stellen könnten den Eindruck erwecken, daß assertion of paramount title einer disturbance of possession gleichgesetzt und in der durch Klageerhebung ohne

---

[1] Vgl. 134 S. W. 955, Thompson v. Jacoway, (Ark.) 1911; 241 P. 233 (Mont.) Cortney v. Gordon 1925, 77 P. 656 (143 Cal. 624) Barnum v. Cochrane, 1904; 257 Fed. 246, 249 Leary v. U. S. A., sowie die bei Tiffany on Sales, S. 245 N. 105 u. bei Benjamin, The general principles of the American Law of the Sale of goods, 2. Aufl., 1901, S. 45 angeführten Entsch. Zu Unrecht stellt Williston, on Sales, sec. 221, S. 428, diese Rechtsprechung als unbestritten hin; vgl. dagegen weiter unten.

[2] Vgl. 14 N. W. 508 (30 Min. 114) Hersey v. Long, 1883.

[3] Vgl. die eben angeführte Entscheidung.

[4] 121 S. E. 547, (S. C.) Mauldin v. Milford, 1924, Syl. 5.

[5] 228 P. 722 (Cal) Pike v. Psihogios, 1924, Syl. 2.

Zweifel hervorgerufenen Beunruhigung bereits eine Besitzstörung oder-beeinträchtigung des beklagten Käufers erblickt wird. Studiert man jedoch die Entscheidungsgründe, so wird man bald inne, daß dem nicht so ist. Nach der Terminologie der Gerichte bedeutet disturbance by assertion of paramount title nicht, daß die Geltendmachung der Rechte des Eigentümers bereits als Besitzstörung anzusehen ist, sondern daß Besitzstörung im Sinne des Gesetzes nur eine solche ist, welche durch einen besser Berechtigten im Wege rechtmäßiger Verwirklichung seiner Ansprüche herbeigeführt wird. Mit den Worten assertion etc. soll ausgedrückt werden, daß rechtswidrige Eingriffe Dritter, verbotene Eigenmacht im Sinne des § 858 BGB., niemals zu Lasten des V gehen. Assertion of paramount title ist also nicht = Besitzstörung, sondern Besitzstörung wird nur dann berücksichtigt, wenn sie ihren Grund in der Geltendmachung der Ansprüche des Eigentümers hat. Dies ist der Sinn der angezogenen Entscheidungen. Uns scheint das heute selbstverständlich, handelt es sich doch um Rechtsmängelhaftung. Nicht so dem alten englischen common law, welches unter warranty of quiet enjoyment oder ähnlichen Wendungen wie covenant to hold harmless dann, wenn ein bestimmter Dritter genannt war, die Verpflichtung des V zur Aufrechterhaltung des Besitzstandes des K gegen wie immer geartete Angriffe dieses Dritten, ob rechtmäßig oder unrechtmäßig, verstand.[1] Freilich hat sich diese Anschauung längst überlebt. Wenn trotzdem heute noch manche Gerichte rein formelmäßig das Erfordernis der assertion hervorheben, so dürfte das als Reminiszenz an Zeiten zu werten sein, in denen über diese Frage noch gestritten wurde.[2]

Das Gemeinsame der unter b α—γ zusammengefaßten Entscheidungen besteht darin, daß im Gegensatz zu der Gruppe unter a die Tatsache allein, daß ein Dritter Eigentümer der Sache ist, ohne daß dieser bekannt oder gewillt ist, seine Ansprüche geltend zu machen, keinen Schadensersatzanspruch für K begründet.

Nimmt man zu den beiden voneinander abweichenden Auslegungen, welche der warranty of title-Begriff erfahren hat, kri-

---

[1] Vgl. die bei Benjamin, on Sales, S. 773, unter Note g zit. Entscheidungen, inbes. Cro. El. 212, Foster v. Mapes.

[2] Vgl. auch Sales Act, sec. 13, Ziff. 2, wo, im Gegensatz zu Sale of goods Act, sec. 12, Ziff. 2, zur Klarstellung überflüssigerweise aufgenommen ist: against any lawful claims.

tisch Stellung, so möchte es zunächst so scheinen, als ob die unter a mitgeteilte Lehre den K, indem sie ihm früher den Schadensersatzanspruch gibt, günstiger stellt als die andere. Bei näherer Betrachtung stellt sich jedoch heraus, daß die konsequente Durchführung dieser Auslegung für K eine Anzahl Unbilligkeiten und Härten mit sich bringt. Davon ist jetzt zu handeln.

Den Gerichten des Staates Massachusetts lag folgender Fall zur Entscheidung vor:[1] V hatte dem K ein Pferd verkauft; K war drei Jahre in ungestörtem Besitz geblieben, dann wurde ihm das Pferd von dem Eigentümer D, welcher sich jetzt erst als solcher herausstellte, evinziert. Nunmehr, also nach Eviktion, machte K Schadensersatzansprüche geltend. Der V wendete Verjährung, limitation of action, ein; die Verjährungsfrist betrug damals im Staat M. zwei Jahre. Das Schicksal des Anspruchs hing von der Frage ab: Wann war er entstanden? Das Gericht stellte sich, wie bereits hervorgehoben, auf den Standpunkt, die Gewähr sei schon zur Zeit des sale gebrochen worden und folglich auch schon damals der Anspruch entstanden. Er hätte innerhalb zweier Jahre geltend gemacht werden müssen, und sei also längst verjährt. Die Klage des K wurde demgemäß abgewiesen.

Es bedarf kaum der Erwähnung, daß dieses Ergebnis in hohem Maße unbillig ist. Es geht nicht an, einen Anspruch für verjährt zu erklären, dessen Entstehung dem Berechtigten in der Regel gar nicht bekannt sein kann. Denn woher soll ein gutgläubiger K wissen, daß die Kaufsache einem Dritten gehört, es sei denn, daß dieser Dritte Klage erhebt, oder doch dem K von seinem Eigentum Mitteilung macht. Aber der Schwierigkeiten sind noch mehr. Unterstellt man, der im Besitz der Sache befindliche K wisse von dem Rechtsmangel; welchen Schaden soll er einklagen? Die Gerichte, welche dem K einen Schadensersatzanspruch zubilligen, schweigen im allgemeinen zu dieser Frage.[2] Sie pflegen sich mit der Feststellung des Anspruchs zu begnügen. Zwar heißt es in 13 Allen (Mass.) 389 Grose v. Hennessey 1866: The difference in value between that which the venders did convey and that which they covenanted that they conveyed would be the exact measure of plaintiffs loss. Doch wie diese Differenz zu berechnen ist, wird nicht gesagt. Der gegenwärtig

---

[1] 116 Mass. 542 Perkins v. Whelan, 1845.

[2] Dabei ist zu bemerken, daß der Schadensersatzanspruch nicht, wie nach deutschem Recht, auf Naturalherstellung, sondern auf Geldkompensation gerichtet ist. Vgl. unten S. 66 ff.

entstandene Schaden, d. h. die Wertdifferenz zwischen dem, was V zu übertragen versprochen hatte, das Eigentum an der Kaufsache und dem, was er übertragen hat, nämlich nur den Besitz, wird sich ziffernmäßig in der Regel deshalb nicht feststellen lassen, weil der K im allgemeinen die Sache zu Zwecken des Gebrauchs kaufen und, solange er den Besitz, d. h. die Gebrauchsmöglichkeit hat, durch das fehlende Eigentum in keiner Weise beschwert sein wird. In solchem Falle besteht der Schaden lediglich in der Eventualität späterer Eviktion, welche sich, weil ein völlig unsicherer Faktor, ziffernmäßig nicht erfassen läßt.[1] Die Gerichte werden also entweder die Klage abweisen, weil der entstandene Schaden vom Käufer nicht substantiiert werden kann oder ihm eine durch Schätzung ermittelte, unbedeutende Summe zusprechen.

Anders in gewissen Ausnahmefällen, in denen K die Sache nicht zum Gebrauch, sondern zur Weiterveräußerung erworben oder sich doch später dazu entschlossen hat. Folgendes Beispiel mag zur Erläuterung dienen: Der im Besitz der Sache, z. B. einer Maschine, die er für 100 gekauft hat, befindliche K will sie weiter veräußern. Ihm ist eine günstige Kaufofferte, wiederum zu 100, gemacht worden, er hat sich bereits entschlossen, sie anzunehmen. Da erfährt er von dem Rechtsmangel. Um sich nicht Regreßansprüchen von seiten seines Abkäufers auszusetzen, nimmt er vom Verkauf Abstand. Einige Tage darauf sinkt der Wert der Maschine infolge einer neuen Erfindung auf 60. Hier ist, obwohl der K sich im Besitz befindet, der ihm entstandene Schaden zu substantiieren, nämlich 100 — 60 = 40.

Die Unbilligkeit besteht in allen diesen Fällen, einerlei, ob die Klage wegen Nichtvorhandenseins eines Schadens abgewiesen wird oder in Höhe des entstandenen Schadens durchdringt, darin, daß dem K, wenn er nach erfolgter Eviktion den Rest- und Hauptschaden einklagen will, die Rechtskraft des ersten Urteils entgegenstehen wird:[2] denn über den aus dem breach of warranty fließenden Anspruch ist bereits entschieden. Aus dem vorstehend Ausgeführten wird ersichtlich, daß man bei konsequenter Durchführung des warranty of title-Prinzips dazu gelangt, den K ge-

---

[1] Vgl. Williston, on Sales, § 221.

[2] Vgl. Williston, a. a. O. Entscheidungen zu dieser Frage sind, soweit ersichtlich, noch nicht ergangen.

rade des Schutzes zu berauben, den ihm das Gesetz offenbar zu gewähren bestrebt ist.

Alle diese Schwierigkeiten und Härten vermeidet die Lehre, welche in der warranty of title nichts anderes als eine warranty of quiet enjoyment sieht und demzufolge dem K vor Besitzstörung entsprechend § 440, II BGB. einen Schadensersatzanspruch versagt. Diese Lehre ist aber wiederum in ihrer theoretischen Grundlage nicht einwandfrei. Es läßt sich nämlich nicht leugnen, daß die Begriffe warranty of title und warranty of quiet enjoyment nicht identisch, sondern verschieden sind in dem oben dargestellten Sinne. Wie ist es nun möglich, wenn das Gesetz ausdrücklich eine warranty of title vorschreibt, daraus eine warranty of quiet enjoyment zu machen? Die meisten Entscheidungen gehen über diese Frage stillschweigend hinweg und kommen ohne stichhaltige Begründung zu dem Ergebnis, daß vor Besitzstörung ein Anspruch des K nicht entsteht. Einzelne Entscheidungen erkennen den begrifflichen Unterschied implicite an, wollen aber die warranty of title beim sale of goods „nach Analogie" des covenant of quiet enjoyment behandeln, wie er bei Grundstückskäufen vereinbart zu werden pflegt.[1]

Nun lehrt aber eine englische Entscheidung,[2] daß das Grundstückskaufrecht nicht nur den covenant for quiet enjoyment, sondern auch den covenant for title kennt. Es findet sich dort (S. 642) folgende Begriffsbestimmung: The covenant for title = the covenant for the right to convey, is assurance to the purchaser that the grantor h a s the very estate in quantity and quality which he purports to convey.

The covenant for quiet enjoyment is assurance against the c o n s e q u e n c e s of a defective title and of any d i s t u r b a n c e s there upon.

Das Gleiche gilt für das amerikanische Recht, nur daß der covenant of title dort den Namen covenant of seisin trägt.[3] Dieser covenant ist, wie sich aus der Definition ergibt, gebrochen, wenn V zu dem für die conveyance, die Übertragung, festgesetzten Zeitpunkt nicht das Recht hat, über das Grundstück zu verfügen.[4]

[1] Vgl. 24 Wend. (N. Y.) 102, Case v. Hall, 1840; 40 N. Y. 283, Burt v. Dewey, 1869; 45 New York 494, Bordwell v. Collie, 1841; vgl. über den Begriff Covenant Ruling Case Law (R. C. L.), Bd. 7, S. 1084.

[2] 11 East. 633, Howell v. Richards, 1809.

[3] Vgl. 7 R. C. L., S. 1131, § 45, über covenant of quiet enjoyment, S. 1145, 1159.

[4] Vgl. 7 R. C. L., S. 1155, § 70, sowie 15 Corpus Juris (C. I.), S. 1267, § 101.

Hält man nun die Anwendung der für den Grundstückskauf geltenden Regeln auf den Mobilienkauf für sachgemäß und geboten, so drängt sich bei der Erforschung des Sinnes der warranty of title naturgemäß die Analogie nicht mit dem covenant for quiet enjoyment,[1] sondern mit dem covenant for title = covenant of seisin auf. Diese Analogie aber würde gerade zu dem Ergebnis führen, daß ein Bruch der Gewähr mit allen Folgen, insbesondere der des Schadensersatzes, schon vor Eviktion und Besitzstörung nur auf Grund des Rechtsmangels eintritt. So durchaus zutreffend der Anwalt des Käufers in 24 Wend. 102 Case v. Hall 1840. Wenn trotzdem das Gericht diesen Standpunkt zurückgewiesen und an der Analogie mit dem covenant for quiet enjoyment festgehalten hat, so ergibt sich daraus nur, daß es der herrschenden Lehre auf die Erzielung eines bestimmten Ergebnisses ankommt, — vor Eviktion kein Rechtsbehelf des K —, daß aber diese Lösung sich theoretisch nicht rechtfertigen läßt.

Die Bedenken, welche in rein konstruktiver Hinsicht gegen die — nennen wir sie der Kürze halber Analogie- oder Eviktionslehre — vorgebracht werden können, scheinen auch von manchen ihrer eigenen Anhänger selber gewürdigt zu werden, zwar nicht ausdrücklich, aber dadurch, daß sie eine andere Konstruktion versuchen, welche offenbar die praktischen Vorteile der Analogielehre mit der allein theoretisch einwandfreien warranty of title-Lehre im eigentlichen Sinne in Einklang bringen soll. In erster Linie kommt dafür eine Entscheidung des Staates Minnesota in Betracht.[2] Das Gericht geht hier, wie die warranty of title-Lehre, von der richtigen Grundlage aus, daß der Bruch der Gewähr dann eintritt, wenn V in dem für die Übertragung des Eigentums festgesetzten Zeitpunkt nicht verfügungsberechtigt ist und folglich dem K das Eigentum nicht verschaffen kann. Es bezeichnet diesen Bruch aber, solange sich der K im ungestörten Besitz befindet, lediglich als technical breach, als technischen, theoretischen Bruch, der einen Schadensersatzanspruch im eigentlichen Sinne, substantial damages, nicht auszulösen vermag, weil ein Schaden noch nicht entstanden oder besser der entstandene Schaden in Beträgen nicht ausgedrückt, nicht substantiiert werden kann. Der technical breach berechtigt den betroffenen Vertragsteil lediglich zu nominal damages. Es handelt sich dabei um ein eigentümliches

---

[1] So die obigen Entscheidungen.

[2] 14 N. W. 508 (30 Minn. 114) Hersey v. Long, 1883. Vgl. auch 50 N. W. 694, Close v. Crossland, 1891.

Institut des englisch-amerikanischen Rechts. Man versteht unter nominal damages eine unbedeutende Summe Geldes, welche für ein technical injury zugesprochen wird, durch das aber der Vertragsgegner nicht actual damages erlitten hat, sodaß er nicht in der Lage ist, einen Schaden zu substantiieren.[1] Aus dieser Begriffsbestimmung erhellt der vorwiegend poenale Charakter dieses Schadensersatzanspruchs. Wer ein Versprechen abgibt, soll es halten, und im Falle der Verletzung eine Buße zahlen, selbst wenn der Versprechensempfänger keinerlei Schaden erlitten hat.

Im Gegensatz zum technical breach steht der erst mit Besitzstörung eintretende substantial breach.[2] Darunter wird verstanden ein Bruch der Gewähr, welcher den Käufer erst in den Stand setzt, den Schaden zu substantiieren.

Diese Konstruktion der warranty of title führt also zu zwei Ansprüchen, einem aus dem technical breach fließenden, auf nominal damages gerichteten und einem aus dem substantial breach fließenden, auf actual oder substantial damages gerichteten Anspruch. Sie ist insofern befriedigend, als sie, ohne den Begriff zu vergewaltigen, dazu gelangt, lediglich den Anspruch auf substantial damages vor Eviktion auszuschließen, andere Rechte des K aber, wie z. B. das Rücktrittsrecht,[3] unberührt läßt. Sie befriedigt dagegen nicht, insofern dem K, nachdem er nominal damages eingeklagt und zugesprochen erhalten hat, wenn er nach Besitzstörung auf substantial damages klagt, die Einrede der Rechtskraft entgegensteht. Wenigstens nimmt Williston[4] das an. Wohl mit Recht; denn handelt es sich auch um verschiedene Ansprüche, so beruhen sie doch beide auf demselben Klagegrund, der warranty of title. Immerhin ist die Frage zweifelhaft, aber unpraktisch, denn es wird kaum einem, im ungestörten Besitz befindlichen Käufer einfallen, sich die Mühe zu machen, auf nominal damages zu klagen, da der Erfolg im besten Falle die Erlangung einer völlig unbedeutenden Geldsumme als Buße ist. So hatte denn auch in den oben S. 29, Note 2, erwähnten Entscheidun-

---

[1] Vgl. 17 C. J. S. 714, § 34, 22 A. 300, 303 (59 Conn. 272) Stanton v. New York Co., 1890.

[2] Der Ausdruck „substantial breach" findet sich in den Entscheidungen nicht, doch dürfte er am besten den Gegensatz zum technical breach wiedergeben, heißt es doch z. B. in 10 So. 430 (95 Ala. 189), Johnson v. Oehmig, 1892, vor Eviktion habe der Käufer nothing substantial to complain.

[3] Davon ist weiter unten zu handeln.

[4] Sec. 221, vgl. auch oben S. 27.

gen K nicht etwa Klage auf nominal damages erhoben, sondern das Gericht nur nebenher, obiter, bemerkt, daß vor Besitzstörung lediglich technical breach vorläge.

Die Konstruktion ist aber ferner unrichtig, insofern sie die oben S. 27 gekennzeichneten Fälle nicht berücksichtigt, in denen der im ungestörten Besitz befindliche K bereits einen zu substantiierenden Schaden erlitten hat, in denen also der technical breach ausnahmsweise schon substantial ist.

2. Sales Act.

Eine neuartige, auf der englischen Sale of goods Act sec 12 beruhende, überaus glückliche Lösung der behandelten Probleme bringt die Sales Act: sie enthält nämlich sowohl eine warranty of title als eine warranty of quiet enjoyment. sec. 13 lautet:

In a contract to sell or sale, unless a contrary intention appears, there is

1. An implied warranty on the part of the seller, that in the case of a sale he has a right to sell the goods and that in the case of a contract to sell he will have a right to sell the goods at the time when the property is to pass.
2. An implied warranty that the buyer shall have and enjoy quiet possession of the goods as against any lawful claims existing at the time of the sale.

Ziff. 1 enthält nicht ein neues Rechtsgebilde, sondern ist nur Umschreibung des gemeinrechtlichen warranty-of-title-Begriffs, wie er oben erläutert wurde.

Zunächst nimmt das Nebeneinander der beiden warranties Wunder, denn da eine warranty of quiet enjoyment gegenüber der warranty of title an sich ein minus darstellt, dem K weniger Rechte gewährt, in der warranty of title inbegriffen ist, so fragt man sich, was für einen Sinn ihre Aufnahme in das Gesetz an zweiter Stelle haben kann. Bei der Beantwortung dieser Frage muß man davon ausgehen, daß das Gesetz, indem es die warranty of title der warranty of quiet enjoyment gegenüberstellt, damit aufs deutlichste seinen Willen kundtut, dem K schon vor Eviktion bezw. Besitzstörung ein Klagerecht zu gewähren. Der Wortlaut von Ziff. 1 läßt nicht den geringsten Zweifel daran, daß die Gewähr im Falle eines sale gebrochen ist, wenn der V nicht das Recht hatte, die Sachen zu verkaufen, im Falle eines contract to sell dann, wenn er das Verfügungsrecht zu dem Zeitpunkt nicht hatte, in dem das Eigentum übertragen werden sollte. Für den Fall des Bruches der Gewähr bestimmt sec. 69, Abs. I b: The buyer may accept or keep the goods and maintain an action against the seller for damages for the breach of warranty. Damit ist der Schadensersatzanspruch des im Besitz befindlichen Käufers im Prinzip anerkannt. Macht nun K von diesem Klagerecht Gebrauch, verlangt er also, um auf das Beispiel zurückzukommen, die 40 oder im Falle des technical breach nominal damages, so bestand nach bisherigem Recht, und besteht noch heute nach common law, soweit es überhaupt einen Anspruch vor Eviktion gewährt, die Gefahr, daß weitere Ansprüche nach Eviktion die Rechtskraft des ersten Urteils ausschloß. Dem beugt die Sales Act vor, indem sie dem evinzierten K einen neuen Klagegrund zur Verfügung stellt, die warranty of quiet enjoyment. Damit ist auch eine Verjährung des Anspruchs auf substantial damages vor Besitzstörung ausgeschlossen.[1] Entscheidungen zu diesen Fragen sind, soweit ersichtlich, noch nicht ergangen, doch scheint diese Auslegung unbedenklich.[2]

Zusammenfassend kann gesagt werden, daß die Verschmelzung der beiden common law-Lehren zu einem einheitlichen Gesetz eine konstruktive Unterlage bietet, auf der sich praktische Ergebnisse unschwer und ohne Begriffsverdrehungen erzielen lassen.[3] Daß Besitz des V nicht mehr Voraussetzung der Haftung ist, wurde bereits oben hervorgehoben.

---

[1] Vgl. oben, S. 26.

[2] Vgl. Williston, on Sales, § 221.

[3] Nach dem Wortlaut von sec. 13, Sales Act, kommt es nicht darauf an, ob K einen guten Rechtstitel erwirbt, sondern darauf, ob V einen gültigen Titel hatte, oder, was dem gleich steht, befugt war, einen gültigen Titel zu veräußern. Daraus folgert Prochownik, Obligationenrecht, S. 290 für das entsprechende englische Recht (Sale of goods Act, sec. 12), daß in den Fällen, in denen K, weil im guten Glauben, einen gültigen Rechtstitel erwirbt, ohne daß der Veräußerer einen solchen Titel hatte, er dennoch die Rechte aus der Gewährleistung geltend machen könne, ohne daß V einwenden dürfe, K sei ja im guten Glauben gewesen und habe deshalb einen gültigen Titel erworben. Diese Ansicht geht meines Erachtens fehl. Die Rechtsmängelhaftung ist nicht um ihrer selbst willen oder zur Schikane des Verkäufers, sondern zum Schutze des K da. Ist er infolge guten Glaubens Eigentümer geworden, so hat er alles erlangt, was nach dem Vertrage vorgesehen war. Es besteht deshalb kein praktisches Bedürfnis, die Rechtsmängelhaftung anzuziehen. Im übrigen dürfte die Frage wohl nur theoretische Bedeutung haben, Entscheidungen dazu sind, wie leicht begreiflich, nicht ergangen.

II. Ist der im ungestörten Besitz befindliche Käufer berechtigt, die Zahlung des Kaufpreises zu verweigern?

1. Common Law.

Während das BGB., von der Auffassung ausgehend, daß die Verschaffung des Eigentums Teil der Erfüllung ist, dem im Besitz der Sache befindlichen K, welchem V das Eigentum nicht verschafft hat, gegen die Kaufpreisforderung des V die Einrede des nicht erfüllten Vertrages gewährt,[1] läßt die herrschende amerikanische Praxis den V mit der Kaufpreisklage durchdringen, und gibt dem K eine defense, eine Verteidigung gegen die Forderung erst nach Eviktion. Zur Begründung führt ein Teil der Entscheidungen aus, das Recht des K, die Zahlung des Kaufpreises zu verweigern, müsse entsprechend dem Schadensersatzanspruch behandelt werden. Bevor er einen solchen nicht geltend machen könne, d. i. nach der überwiegenden Ansicht erst nach Eviktion, sei er auch nicht befugt, den Kaufpreis einzubehalten. Diese Parallele zum Schadensersatzanspruch[2] wird verständlich, wenn man berücksichtigt, daß in zahlreichen Staaten dem K im Falle der Eviktion als einklagbarer Schadensersatz lediglich der Kaufpreis zugesprochen wird; von solcher Rechtsauffassung aus ist es nur folgerichtig, in der Weigerung der Kaufpreiszahlung die Geltendmachung eines Schadensersatzanspruches im Wege der Einrede zu sehen und sie nur dann zuzulassen, wenn der K als Kläger berechtigt wäre, den bereits gezahlten Kaufpreis zurückzufordern.

Aber auch in den Staaten, in denen der Schadensersatzanspruch sich nicht auf den Kaufpreis beschränkt, in denen also für die Frage der Einbehaltung des Kaufpreises nicht unmittelbar die Grundsätze des Schadensersatzanspruches herangezogen werden können, gelangen die Gerichte zu demselben Ergebnis, d. h. sie lassen die Kaufpreisklage des V vor Eviktion des K durchdringen. Nach allgemeiner Anschauung verstieße es gegen Treu und Glauben, wollte K im ungestörten Sachgenuß dem V den Kaufpreis vorenthalten. Eine solche Handlungsweise des K wäre nicht fair und käme auf eine ungerechtfertigte Bereicherung des

---

[1] Vgl. § 440, Abs. I, in Verbindung mit 320 BGB und z. B. RGE 117, 335, 336.

[2] Sie wird gezogen in 24 Wend. 102 (N. Y.) Case v. Hall, 1840, 10 So. 430, Johnson v. Oehmig (Ala.) 1892, im Staate Virginia, 1830, sogar durch Gesetz. Vgl. Kents Commentaries on American Law, Bd. II, 14. Auflage, 1896, S. 787, 790.

K auf Kosten des V hinaus, — besonders wenn man die Möglichkeit in Betracht zieht, daß der Dritteigentümer seinen Herausgabeanspruch niemals geltend machen und also K durch den Rechtsmangel keinerlei Schaden leiden mag.[1]

Allerdings finden sich vereinzelt auch abweichende Entscheidungen, so heißt es in 3 Hill (S. C.) Moore v. Hudson, S. 299 (1837): In an action on a note given for the price of a negro the defendant may, by way of defense set up an outstanding paramount title to the negro in a third person. Hier gewährt das Gericht dem K eine defense wegen Rechtsmangels ohne Rücksicht darauf, ob Besitzstörung stattgefunden hat oder nicht.[2]

Die Stellungnahme der herrschenden Lehre zu der Frage des Leistungsverweigerungsrechts ist eine wertvolle Bestätigung bereits gewonnener Ergebnisse, insofern aus ihr klar hervorgeht, daß von einer Verpflichtung des K zur Eigentumsverschaffung im Sinne des deutschen Rechts, von einem funktionellen Synallagma zwischen der Verpflichtung zur Zahlung des Kaufpreises und der vom Verkäufer vorzunehmenden Übertragung des Eigentums keine Rede sein kann. Über die Billigkeit der Ergebnisse läßt sich freilich streiten. Mir scheint es eine Härte des deutschen Rechts, einem Verkäufer, welcher im besten Glauben vom Dieb erworben und weiter veräußert hat, den Kaufpreis vorzuenthalten, wenn V z. B. nachweist, daß infolge langdauernder Abwesenheit oder Verschollenheit des Eigentümers er, V, zwar dem K das Eigentum nicht verschaffen, aber dafür auch der Eigentümer dem K die Sache nicht werde abverlangen können. Es steht auch die vom Gesetz dem K wegen Rechtsmangels zugebilligte Einrede des nichterfüllten Vertrages in einem gewissen Widerspruch zu der Regel des § 440, II. Wenn dort das Gesetz dem K vor Eviktion einen Schadensersatzanspruch versagt, so tut es das offenbar deshalb, weil es den Schadensersatzanspruch

[1] Vgl. insbes. 31 Ill. 107, Linton v. Porter, 1863; 29 N. J. L. 256, Wanser v. Messler, 1861; 26 N. Y. 224, 232, Sweetman v. Prince, 1863; 241 P. 233 (Mont.) Courtney v. Gordon, 1925; 43 S. E. 74 (116 Ga. 701), Huffmann-Co. v. Georgia-Co., 1902; 8 Blackford (Ind.) 38, Conrad v. Dowling, 1846; 154 S. W. 508 (Ark.), Sullivan v. Wooldridge, 1913. Das dem K nach Eviktion allgemein zugebilligte Leistungsverweigerungsrecht wird gewöhnlich auf failure of consideration gestützt. Vgl. 35 Cyc. 539/541. Clark New York Law of Contracts, 1922, § 357, sowie American and English Encyclopaedia of Law, 2. Auflage, 1896, Bd. 24, S. 1041. Vgl. über den Begriff failure of consideration unten, S. 42 ff.

[2] Vgl. auch Kent, S. 787 ff., woselbst weitere Judikatur. Zu Unrecht stellt 35 Cyc. 541 die herrschende Lehre als unbestritten hin.

im Vergleich zu den übrigen Rechten des K als für den V lästiger erachtet.[1] Es unterliegt aber keinem Zweifel, daß in der Regel der seitens eines im Besitz befindlichen Käufers einklagbare Schaden nicht die Höhe des Kaufpreises erreichen würde, denn unter keinen Umständen wäre dem besitzenden K Schadensersatz für den noch gar nicht eingetretenen Verlust der Sache zuzubilligen — die Einbehaltung des Kaufpreises also in Wahrheit ein Plus gegenüber dem Schadensersatzanspruch bedeutet.

Wie dem aber auch sei, der amerikanischen Lösung dürfte im Ergebnis der Vorzug vor der deutschen gebühren. Dabei ist aber zu beachten, daß von einer Härte des deutschen Systems nur rein theoretisch gesprochen werden kann. Entscheidungen, welche man etwa im Sinne des obigen Beispiels[2] als unbillig bezeichnen müßte, sind, soweit ersichtlich, noch nicht ergangen, und es ist sehr wohl möglich, daß die Praxis gegebenenfalls Mittel und Wege finden würde, dem V zu helfen.[3]

Wird also immerhin nach dem amerikanischen System V mit Fug besser gestellt als nach dem deutschen, so führt doch auch das erstere System, konsequent durchgeführt, zu einer Überspannung nach der anderen Seite. Es müßten nämlich diejenigen Gerichte, welche, und das ist die überwiegende Mehrheit, einen Bruch der Gewähr erst mit der Eviktion eintreten lassen, dahin gelangen, der Kaufpreisklage des V auch stattzugeben, dominii quaestione mota, d. h. wenn der Eigentümer seinen Herausgabeanspruch gegen K bereits anhängig gemacht, ja selbst dann, wenn er schon ein Urteil erstritten, es aber noch nicht vollstreckt hat. Die Gerichte hatten, soweit ersichtlich, nur einmal Gelegenheit, zu der Frage Stellung zu nehmen, und zwar nur incidenter, als Nebenpunkt eines Schadensersatzprozesses. Die in tatsächlicher und rechtlicher Beziehung komplizierte Entscheidung soll, weil äußerst lehrreich, ihrem wesentlichen Inhalt nach hier wiedergegeben werden.[4]

A verkauft dem B auf dem Platze des A aufgestapelte Waren. B holt die Waren nicht ab. Darauf verkauft A sie nochmals an C. C verkauft und liefert sie dem D. D weigert sich, dem C den Kaufpreis zu zahlen, weil inzwischen B gegen ihn, den D, auf Herausgabe der Waren geklagt hat mit der Behauptung, sie ge-

---

[1] Vgl. Siber, Rechtszwang, S. 161 ff.
[2] S. 34.
[3] Vielleicht ließe sich § 320, Abs. 2, BGB verwenden.
[4] 91 N. Y. 194, O'Brien v. Jones, 1883.

hörten ihm. Während dieser Prozeß noch schwebt, klagt C gegen A auf Schadenersatz wegen breach of warranty of title. Das Gericht weist die Klage ab mit folgender Begründung: Die Eigentumsfrage kann dahingestellt bleiben. Es kommt nicht darauf an, ob B zur Zeit noch Eigentümer ist oder ob durch den von A vorgenommenen zweiten Verkauf C und alsdann sein Nachmann Eigentümer geworden ist. Unterstellt man selbst zugunsten des C, daß B noch Eigentümer ist, so genügt diese Tatsache nicht, einen Anspruch des C gegen A zu begründen — auf Grund von breach of warranty of title; denn C hat einen Anspruch gegen D auf Zahlung des Kaufpreises, solange letzterer nicht im Besitze gestört ist. Folglich ist dem C ein Schaden nicht entstanden. Die Entscheidung wird also getragen von der Erwägung, daß die von seiten des unterstellten Eigentümers B gegen D auf Herausgabe gerichtete Klagerhebung nicht als Besitzstörung des D anzusehen ist[1] und diesem folglich nicht das Recht zusteht, dem C die Zahlung des Kaufpreises zu verweigern. — Ein offenbar höchst unbilliges Ergebnis. Hat sich doch eine exceptio evictionis imminentis schon im Evictionssystem der Römer allmählich ausgebildet.[2]

Nebenbei: Die Konsequenz der Auffassung des Gerichts ist für den gegenwärtigen Fall eine völlig überflüssige Vermehrung der Prozesse. C soll erst gegen D auf Zahlung des Kaufpreises klagen. Die Klage wird zwar durchdringen, aber, sowie dem D die Waren seitens des B evinziert sind, wird D gegen C auf Rückzahlung, bezw. Schadenersatz auf Grund der warranty of title klagen. Wenn dann C dem D den Kaufpreis zurückerstattet hat, also nach Wiederherstellung des status quo, soll er endlich die Möglichkeit haben, den A seinerseits auf Grund der warranty of title in Anspruch zu nehmen. Eine schlechte Rechtsprechung, die zu zwei unnützen Prozessen führt!

2. Sales Act.

Die für die Kaufpreisklage des Verkäufers maßgebende gesetzliche Bestimmung ist sec. 63, Abs. I. Where, under a contract to sell or sale, the property in the goods has passed to the buyer and the buyer wrongfully neglects or refuses to pay for the goods according to the terms of the sale, the seller may maintain an action against him for the price of the goods.

---

[1] Vgl. oben, S. 24 γ

[2] Vgl. Rabel, Haftung, S. 82.

Erste und wichtigste Voraussetzung für die Kaufpreisklage des V ist also, daß the property in the goods has passed, d. h. das Eigentum auf den K übergegangen ist. Danach sieht es so aus, als ob die Sales Act gegenüber der herrschenden Common law-Lehre, welche die Kaufpreisklage gegen den in ungestörtem Besitz befindlichen K durchdringen läßt, eine Rechtsänderung darstelle; denn nach common law ist der Übergang des Eigentums, wie aus der Rechtsprechung folgt, eben nicht Voraussetzung für die Zulässigkeit der Kaufpreisklage. Die Rechtsänderung ist aber in Wahrheit nur eine scheinbare, denn das in der Sales Act aufgestellte Erfordernis des vorherigen Eigentumsüberganges ist wesentlich eingeschränkt durch die Worte „under a contract to sell or sale". Zunächst ist man geneigt, über diese Worte hinwegzulesen, ihnen keine Bedeutung beizumessen. Sie haben aber einen ganz bestimmten Sinn. The property has passed „under the contract" bedeutet den Übergang des Eigentums „auf Grund der Bestimmungen des Vertrages" im Gegensatz zum tatsächlich erfolgten Übergang. Damit ist gesagt, daß die Parteien die entsprechenden Erklärungen abgegeben oder Handlungen vorgenommen haben müssen, welche zusammen den formellen Übertragungsakt bilden,[1] der zwar normalerweise zum Übergang des Eigentums auf den Käufer führt, aber ausnahmsweise dann nicht führt, wenn der V selbst nicht Eigentümer gewesen ist. Man könnte also von einem subjektiven, einem Übergang nach Parteiabsicht, im Gegensatz zum objektiven Eigentumsübergang sprechen, eine dem deutschen Recht fremde Unterscheidung, welche sich im amerikanischen Kaufrecht an verschiedenen Stellen findet.[2]

Da nun auch die common law-Praxis den „subjektiven" Übergang des Eigentums als Voraussetzung für die erfolgreiche Erhebung der Kaufpreisklage verlangt[3] und sich die Sales Act mit dem auf Eigentumsübertragung gerichteten Willen der Parteien begnügt, so kann von einer Rechtsänderung in diesem Punkte

---

[1] Daß dieser formelle Übertragungsakt bei sale of goods durch die intention of the parties ersetzt wird, wurde bereits ausgeführt. Vgl. oben S. 12 und 14, n. 2.

[2] Sie wurde bereits oben S. 13 f. bei Erörterung des Salebegriffes ausführlich besprochen und durch Entscheidungen belegt, auf welche auch in diesem Zusammenhang Bezug genommen wird.

[3] Vgl. z. B. 97 N. W. 321 (5. Neb. Unof. 74) Backes v. Black, 1903.

keine Rede sein,[1] und es ist auch mit dem Recht der Sales Act eine Verurteilung des im ungestörten Besitz befindlichen K zur Zahlung des Kaufpreises trotz fehlender Eigentumsübertragung — im objektiven Sinne — sehr wohl vereinbar.

Dagegen spricht auch nicht sec 69, Abs. 1 a: Where there is a breach of warranty the buyer may accept or keep the goods and set up against the seller the breach of warranty in diminution or extinction of the price.

Diese Bestimmung gibt dem K zwar, mag er sich auch im Besitze der Sache befinden, das Recht, sich gegenüber der Kaufpreisklage des V auf den Bruch der Gewähr zu berufen, und zwar in der Weise, daß er im Wege der Einrede den Kaufpreis mindern oder auf ein Nichts reduzieren kann. — Aber dies alles doch nur nach Maßgabe der tatsächlichen Wertminderung! Die Vorschrift bezieht sich in erster Linie auf Sachmängel, auf Rechtsmängel dürfte sie im allgemeinen nicht anwendbar sein, weil in aller Regel der im Besitz der Sache befindliche K einen in Beträgen ausdrückbaren Schaden nicht erlitten hat und infolgedessen, ebensowenig wie zur Erhebung einer Klage auf substantial damages, zur Reduzierung des Kaufpreises berechtigt sein darf.[2] Jedenfalls wird die Rechtsprechung diese Bestimmung also auslegen, schon um die Rechtseinheit mit dem common law zu wahren. Die Literatur schweigt zu der Frage. Entscheidungen, welche sich mit dem Problem unmittelbar beschäftigen, sind, soweit ersichtlich, noch nicht ergangen. Doch dürfte eine neuere New Yorker Entscheidung[3] indirekt die hier vertretene Auslegung bestätigen. Folgender Tatbestand lag dem Erkenntnis zugrunde: V hatte gestohlene Sachen ohne Kenntnis ihrer Herkunft erworben und sie im guten Glauben an K verkauft. Die Polizei kam dahinter und forderte K auf, die Sachen an sie herauszugeben. Dieser Aufforderung kam K nach. Später klagte V gegen K auf Zahlung des Kaufpreises. Das Gericht wies die Klage ab mit der Begründung: It is not necessary, that the purchaser be deprived of the goods or their value by the real owner by judicial proceedings, sondern es genüge — scil. um dem K eine defense gegen die Kaufpreisklage zu geben —, daß der K die Sache auf Auffor-

---

[1] Darüber, daß im allgemeinen die gesetzliche Bestimmung der sec. 63 nur eine Kodifikation anerkannter Common-law-Regeln ist, vgl. Williston, on Sales, § 560 a.

[2] Doch vgl. den Ausnahmsfall S. 27.

[3] 199 N. Y. S. 233 Kornbluth v. Moskovitz, 1923. Zu dieser Zeit war die Sales Act in New York schon lange eingeführt.

derung an die dazu berechtigte Stelle, die Polizei, herausgegeben habe.

Aus dieser Argumentation ergibt sich ein Zweifaches:

a) Das Gericht vertritt den Standpunkt, daß Eigentumsübergang — im objektiven Sinne — keine Voraussetzung für die erfolgreiche Erhebung der Kaufpreisklage ist; andernfalls hätte es das zum Ausdruck bringen und mit dieser Begründung die Klage abweisen müssen.[1]

b) Vielmehr dringt nach der Auffassung des Gerichts die Kaufpreisklage des V nach wie vor durch, solange sich K in ungestörtem Besitz befindet, andernfalls wäre die für die Klagabweisung gegebene Begründung, daß die freiwillige Herausgabe an die Polizei der Entwehrung durch den Eigentümer gleichzusetzen sei, nicht verständlich.

III. Ist der im ungestörten Besitz befindliche Käufer berechtigt, to rescind the contract, vom Vertrage zurückzutreten?

Ebenso wie nach deutschem,[2] verpflichtet nach amerikanischem Recht der von einem Vertragsteil wirksam erklärte Rücktritt (rescission) die Parteien, einander die empfangenen Leistungen zurückzugewähren. Liegt also auf Seiten des K ein Recht zum Rücktritt vor, so kann er gegen Rückgewähr der Kaufsache den bezahlten Preis zurückfordern, oder, wenn er ihn noch nicht bezahlt hat, einbehalten.[3] Und es entsteht nun die Frage, ob und unter welchen Voraussetzungen das Gesetz dem K ein Rücktrittsrecht gewährt. In Betracht kommt als gesetzliche Voraussetzung einmal breach of warranty, sodann failure of consideration.

1. Breach of warranty.

a) Common Law.

Dem älteren common law ist ein Rücktrittsrecht auf Grund von breach of warranty unbekannt.[4] Dabei spielt es keine Rolle,

---

[1] Sect. 63 wird gar nicht angezogen, ebensowenig sec. 69.

[2] Vgl. die §§ 327, 346 ff. BGB.

[3] Vgl. Williston, on Sales, sec. 608, 608 a.

[4] Die Einbehaltung des Kaufpreises auf Grund erklärten Rücktritts ist natürlich zu scheiden von der im vorigen Abschnitt behandelten Frage der Einrede des nicht erfüllten Vertrages. Hier löst K den Vertrag auf. Dort — Einrede des nicht erfüllten Vertrages — bleibt er dabei stehen.

ob es sich im Einzelfalle um eine implied warranty, eine gesetzliche, oder um eine express warranty, eine vertraglich vereinbarte Garantie, um eine warranty of quality, of fitness oder of title handelt. Breach of warranty gewährt ganz allgemein dem betroffenen Vertragsteil nur einen Schadensersatzanspruch. Für die hier vor allem interessierende warranty of title ist das noch im Jahre 1912 für den Staat Alabama von dessen Supreme Court ausdrücklich ausgesprochen worden.[1]

Seit dem Beginn des 19. Jahrhunderts macht sich eine Rechtsfortbildung bemerkbar, die ersichtlich darauf abzielt, dem Käufer auf Grund von breach of warranty neben dem Schadensersatzanspruch ein Rücktrittsrecht zu gewähren. Vorläufig ist die Entwicklung noch im Fluß. Und von einem allgemein anerkannten Satz: breach of warranty warrants rescission kann noch keine Rede sein.[2] Was insbesondere die warranty of title betrifft, so zeigt sich seit einiger Zeit eine Anzahl von Gerichten geneigt, ein Rücktrittsrecht des K beim Bruche der Gewähr anzuerkennen. Damit ist aber die Frage: Wann entsteht das Rücktrittsrecht für den Käufer, wann kann er es ausüben, noch nicht entschieden; hier greifen vielmehr dieselben Streitfragen ein, welche bereits oben bei der Erörterung des Schadensersatzanspruches behandelt wurden.[3] Es leuchtet ein, daß diejenigen Gerichte, welche einen Bruch der Gewähr erst in der Besitzstörung bezw. Eviktion durch den Eigentümer sehen, dem K vor diesem Zeitpunkt ein Rücktrittsrecht nicht einräumen können, während umgekehrt die Anhänger des warranty of title-Prinzips dem K das Rücktrittsrecht schon dann zuerkennen müssen, wenn sich nach dem für die Eigentumsübertragung festgesetzten Zeitpunkt herausstellt, daß ein Dritter Eigentümer ist. In diesem Sinne ist auch entschieden worden.[4] Beide Ansichten werden vertreten. Die genannten Entscheidungen machen einige Bemerkungen erforderlich.

Wenn es in 44 S. E. 964 heißt: „It is true, that a purchaser cannot rescind for f a i l u r e of warranty until there has been eviction or other actual damage suffered", so ist failure in die-

---

[1] 57 So. 757, Hafer v. Cole, vgl. auch 54 N. W. 100 (3 S. D. 451) Hull v. Caldwell, 1893.

[2] Vgl. W i l l i s t o n, on Sales, §§ 608, 608 a.

[3] S. 22.

[4] Vgl. einerseits 24 R. C. L., S. 288 und die dort angeführten Entscheidungen, insbes. 44 S. E. 963, Computing Sales Co. v. Long (S. C.) 1903, andererseits 3 P. 581 (2 Wash. T. 48) Baker v. Mc. Allister, 1881 267 P. 1085 (Cal.) Alberti v. Jubb, 1928.

sem Zusammenhang nur ein ungebräuchlicher Ausdruck für das sonst übliche breach.

In 3 P. 581 hatte V dem K zwar Eigentum an der Kaufsache verschafft, aber nicht frei von Rechten Dritter — labor liens lasteten darauf. Wenn nun das Gericht schon in der Existenz dieser liens — nicht erst in der Geltendmachung durch den Berechtigten — einen Bruch der Gewähr sieht und dem K ein Rücktrittsrecht zuspricht, so darf man — arg. a minore ad maius — daraus schließen, daß es in der Tatsache des Dritteigentums erst recht einen Bruch der Gewähr mit den daraus sich ergebenden Konsequenzen erblicken würde.

Die erst unlängst ergangene Entscheidung 267 P. 1085 des Supreme Court of California ist vor allem deshalb interessant, weil in ihr die Rechtsfortbildung besonders eindrucksvoll zutage tritt. In Kalifornien galt bisher die Analogie-, bezw. Eviktionslehre.[1] Kein breach of warranty of title before loss of possession. Dazu bemerkt das Gericht: While the rule as to disturbance of possession laid down in the authorities might apply were the action one for damages, the conclusion that respondent is entitled to rescind the contract upon the ground of breach of implied warranty of title by apellant is not precluded by the fact, that the possession of respondent has so far remained undisturbed. The element of damages does not enter into the case.

Hier wendet sich das Gericht von seiner eigenen bisherigen Rechtsprechung, der alten Lehre, ab und stellt sich unzweideutig auf den Boden des warranty of title-Prinzips. Zwar versucht es, die Schwenkung dadurch zu verschleiern, daß es sich auf Präjudizien beruft. Aber diese betreffen alle andersgeartete Fälle.[2] Insbesondere solche des Landkaufs und des mistake und können nicht unmittelbar für die Entscheidung verwertet werden.

b) Sales Act.

Die Rechtsfortbildung, von der oben die Rede war, ist durch die Sales Act zu entscheidendem Abschluß gekommen. Sec 69, Abs. 1 d bestimmt: Where there is a breach of warranty, the buyer may rescind the contract to sell or the sale and . . . . if the goods have already been received, return them or offer to return

---

[1] Vgl. die bereits angeführte Entscheidung 41 Cal. 112, Gross v. Kierski, 1871.

[2] American Law Reports annotated A. L. R., Bd. 36, S. 482.

them to the seller and recover the price or any part thereof which has been paid.[1]

Damit ist in eindeutiger Weise das Rücktrittsrecht des im ungestörten Besitz befindlichen K anerkannt (vgl. dazu S. 30 f.).

2. Failure of consideration.

Wie bereits ausgeführt, ist der Satz breach of warranty warrants rescission zwar heute durch die Sales Act sanktioniert, aber im common law noch keineswegs allgemein anerkannt. Wo der Satz nicht gilt, macht sich in der Praxis ein unverkennbares Bedürfnis bemerkbar, dem verletzten Vertragsteil anderweitig zu helfen. Den für erforderlich gehaltenen Schutz gewährt ihm die failure of consideration-Lehre, ein Rechtsgebilde des Equity-Rechts. Alle Courts, welche Equity Jurisprudence ausüben, im Gegensatz zu den Courts of Law, wenden den Satz an: Failure of consideration warrants rescission.[2] Und es entsteht nun die Frage, was im allgemeinen und im Bereiche der Rechtsmängelhaftung im besonderen unter failure of consideration zu verstehen ist.

a) Zunächst im allgemeinen.

Unter consideration versteht man bekanntlich beim gegenseitigen Vertrag das Entgelt, die Gegenleistung des einen Vertragsteils, für das Leistungs*versprechen* des andern Teils. Williston definiert:[3] Mutual promises in each of which the promiser undertakes some act or forbearence that will be . . . detrimental to the promiser or beneficial to the promisee . . . are sufficient consideration for one another.[4] An anderer Stelle sagt er (§ 99): It is requisite in English and American Law for the *formation* of a simple contract that legally sufficient consideration be given for the promise therein. Und Anson[5] zieht daraus die Folgerung: An agreement without sufficient consideration is nudum pactum ex quo non oritur actio.[6]

---

[1] Sec. 69, Abs. 4, befreit den K, welcher den Kaufpreis noch nicht gezahlt hat, von der Zahlungspflicht.

[2] Vgl. *Black*, Rescission, Bd. I, § 158 und die dort angeführten Entscheidungen.

[3] On Contracts, § 103 f.

[4] Ähnlich 13 C. J., S. 311, § 144/45.

[5] On Contracts. 4. amerikanische Ausgabe, herausgegeben von *Corbin*, § 120.

[6] Vgl. auch 13 C. J., S. 311.

Das bedeutet also: Die Consideration-Lehre hat es zu tun mit der Frage des Zustandekommens, der Gültigkeit des Vertrages, sie betrifft lediglich das g e n e t i s c h e Synallagma. Original want of consideration führt das Nichtzustandekommen des Vertrages herbei. Ist aber der Vertrag infolge sufficient consideration erst einmal gültig zustandegekommen, so interessiert die weitere Gestaltung des Vertragsverhältnisses (Erfüllung, Nichterfüllung etc.) die Consideration-Lehre nicht.[1] Von diesem Standpunkt aus, der das englische common law ursprünglich beherrschte, bemerkt mit Recht Harriman:[2] Strictly speaking there can be no such thing as f a i l u r e of consideration. Either the promiser receives the consideration he has bargained for, or he does not. If he does not receive the consideration, there is no contract. If he does receive the consideration, there can be no failure of consideration there after. Das heißt: entweder, es fehlt an einer gültig vereinbarten consideration — dann kommt der Vertrag nicht zustande. Oder eine ausreichende consideration ist von beiden Teilen versprochen worden, und der Vertrag gültig geschlossen,[3] — dann ist failure undenkbar, die consideration kann nicht wieder wegfallen.

Trotzdem hat die Rechtsprechung, der Not gehorchend, den Begriff failure of consideration ausgebildet. Es macht sich nämlich in der Praxis im Laufe der Zeit das Bedürfnis bemerkbar, den einen Vertragsteil zu schützen, wenn der andere die v e r s p r o c h e n e consideration n i c h t l e i s t e t e, das im Vertrage abgegebene Versprechen nicht erfüllte. Man wollte insbesondere dem vertragstreuen Teil für diesen Fall ein Rücktrittsrecht und eine Einrede gegen die Vertragsforderung des treulosen Teils gewähren. Da das geltende Recht entsprechende Rechtsbehelfe in ausreichendem Maße nicht zur Verfügung stellte, mußte ein neuer Begriff mit neuen Rechtsfolgen geschaffen werden —

---

[1] Die ebenso interessante wie schwierige Consideration-Lehre hier des näheren aufzurollen, bietet das zu behandelnde Thema keinen Anlaß. Vgl. darüber ausführlich W i l l i s t o n, On Contracts, § 99 ff. Einen kurzen Überblick gibt A s h l e y, The Law of Contracts, 1911, S. 65 ff.; besser B r a n t l e y, On Contracts, 2. Auflage, 1922, S. 83 ff.

[2] On Contracts, 2. Auflage, 1901, § 524, S. 307, zustimmend L a w s o n, On Contracts, 3. Auflage, 1923, § 114, S. 177.

[3] Der Ausdruck „receive" bezieht sich nur auf das Leistungsversprechen, nicht auf die Leistung selber. Die consideration für das Leistungsversprechen des einen Teils braucht nicht etwa eine Gegen l e i s t u n g zu sein. Vielmehr genügt ein Gegenleistungsversprechen. Vgl. oben S. 43 mutual promises.

failure of consideration. Man hat darunter in großen Zügen[1] zu verstehen jedwede Nichterfüllung einer vertraglich versprochenen Leistung. Die Praxis hat damit den Versuch gemacht, die consideration-Lehre für die Probleme der Erfüllung und Nichterfüllung nutzbar zu machen, sie mit dem funktionellen Synallagma in Verbindung zu bringen, d. h. sie zu verwerten für die Frage nicht nur der Entstehung, sondern auch der Geltendmachung der einen Verbindlichkeit mit Rücksicht auf die andere.

Man kann nicht sagen, daß dieser Versuch bisher befriedigend gelungen sei. Wann im einzelnen Falle failure of consideration als vorliegend anzusehen ist, darüber herrscht vielfach Streit. Bei dem absoluten Mangel an theoretischer Fundierung der Lehre hat die Praxis freie Hand, die Begriffsmerkmale dort als erfüllt hinzustellen, wo sie dem einen Teil helfen und sie dort als unerfüllt zu behandeln, wo sie Rechtsbehelfe versagen will. Hinwiederum ist es bei diesem Stande der Praxis für die Wissenschaft schwierig, die Begriffsmerkmale klar herauszuarbeiten. Wie groß die Verwirrung ist, zeigt z. B. die „Definition" von Black: Nachdem er zuerst den Gegensatz von original want of consideration,[2] der das Zustandekommen des Vertrages hindert, und failure of consideration, der eine gültig versprochene consideration voraussetzt, hervorgehoben hat, kennzeichnet er das Wesen des letzteren Begriffs dahin (§ 158): er imports the consideration existing at the inception of the transaction and actually or supposedly good has since become worthless or has ceased to exist or has been extinguished partially or entirely.[3]

Schon aus dieser „Begriffsbestimmung" erhellt, welche Fälle von rechtlich verschiedenartigen Erscheinungen er umfaßt.

b) Betrachtet man nun unter Zugrundelegung dieser allgemeinen Bemerkungen den Kaufvertrag, so taucht sofort die Frage auf:

---

[1] Vgl. Definition unten, auch Williston, On Contracts, § 814.

[2] Vgl. oben S. 43.

[3] Vgl. über den Unterschied zwischen want und failure of consideration auch das treffliche Beispiel bei Helm, on Contracts, 1926, S. 299. Doch wird die sachgemäße und zur Erzielung systematischer Klarheit zweckdienliche Unterscheidung zwischen want und failure of consideration nicht überall gemacht. Vgl. z. B. 35 Cyc. 541, 119 P. 477, 478 (44 Mont. 138) Tiggerman v. City of Butte, 1911 unter 4; 96 N. Y. S. 1103, 1105 (48 Misc. Rep. 484) in re Simmons Estate, 1905, wo überall want und failure als synonym gebraucht werden.

Worin besteht die consideration, das Entgelt, die Gegenleistung des V für die Leistung des K? und umgekehrt? Die Beantwortung der letzteren Frage ist einfach. Die Begriffsbestimmung sowohl des contract to sell wie des sale[1] zeigt, daß die von K als Entgelt für die Leistung des V versprochene Gegenleistung die Zahlung des Kaufpreises ist. Der Preis wird vom Gesetz ausdrücklich als consideration bezeichnet. Das Gesetz gibt aber auch darüber Auskunft, worin die Gegenleistung, das Entgelt, die Consideration des V besteht, für die K die Zahlung des Kaufpreises verspricht. Es ist im Falle des contract to sell das agreement to transfer the property, das Versprechen des V, dem K das Eigentum an der verkauften Sache zu übertragen, im Falle des sale die Erklärung des V, daß das Eigentum gegenwärtig übergehen solle (Agreement whereby the seller transfers). Hält nun V im ersteren Falle dieses Versprechen nicht ein, d. h. verschafft er dem K zu dem vorgesehenen Zeitpunkt das Eigentum nicht, oder führt, im zweiten Falle, die Übertragungserklärung nicht zu dem von den Parteien erstrebten Erfolg, dem Übergang des Eigentums, so liegt failure of consideration vor, d. h. die von den Parteien vereinbarte consideration ist nicht „in Ordnung gegangen", sie hat ihr Ziel nicht erreicht, die Gegenleistung ist „ausgeblieben". Folge: K hat, ohne daß eine Besitzstörung vorzuliegen braucht, das Recht, wegen failure of consideration to rescind the contract, vom Vertrage zurückzutreten und den Kaufpreis zurückzuverlangen oder, wenn er ihn noch nicht gezahlt hat, einzubehalten. So judizieren in der Tat viele Gerichte.[2]

Auch nach BGB steht dem Käufer, wenn ihm die Sache zwar übergeben, aber das Eigentum an ihr nicht verschafft ist, das Recht zu, vom Vertrage zurückzutreten.[3] Doch gilt, wie die Bezugnahme auf die §§ 320—327 erweist, das Rücktrittsrecht nur für die Fälle der nachträglichen Unmöglichkeit bezw. des nachträglichen Unvermögens des V zur Eigentumsverschaffung.[4] Es wird also vorausgesetzt, daß V zur Zeit des Vertragsschlusses Eigentümer war, aber später, vor der Übertragung des Eigentums auf K die Sache an einen Dritten verkauft und übereignet hat.

[1] Vgl. sec. 1, Sales Act.

[2] Vgl. 46 N. Y. S. 991 (21 Misc. Rep. 86), Wolf v. Michael, 1897, sowie, nicht zugänglich, 2 Bush. 52 (Ky.) Cook v. Redman; 59 Me. 445 Kneeland v. Willard; 40 Mo. App. 162 Porth v. Lux, zit. 35 Cyc. 602, Note 48.

[3] Vgl. § 440, Abs. I, BGB und RGE 117, 335/36.

[4] Vgl. RGE 69, 355.

Auch eine Enteignung käme in Frage. Ein gesetzliches Rücktrittsrecht wegen anfänglichen Unvermögens des andern Teils zur Leistung kennt das BGB nicht. Doch hilft in diesem Falle § 326. Sofern nach dem Vorangegangenen überhaupt ein Rücktrittsrecht besteht, wird es nur unter einschränkenden Voraussetzungen gewährt. Da die Besitzübertragung gemäß § 433 als teilweise Erfüllung anzusehen ist, so muß der K, wenn er zurücktreten will, beweisen, daß die teilweise Erfüllung für ihn kein Interesse hat. Die genannten Paragraphen setzen ferner einen von V zu vertretenden Umstand, § 326 außerdem eine Fristsetzung voraus.

Von all diesen Erfordernissen ist im amerikanischen Recht beim Rücktritt wegen failure of consideration keine Rede. Auch macht das amerikanische Recht, jedenfalls für die Frage des Rücktritts, keinen Unterschied, ob V des Eigentums bereits zur Zeit des Vertragsschlusses ermangelt, oder es erst später eingebüßt hat. Darin zeigt sich deutlich die Verschiedenheit des beiden Regelungen zugrunde liegenden Gedankens. Während das BGB, ausgehend von der Auffassung, daß die Rechtsverschaffung eine dem V kraft Gesetzes obliegende Erfüllungspflicht ist, dem K Rechte nur bei Verletzung dieser Pflicht, also im Falle der Unmöglichkeit oder des Verzuges auf Seiten des V, d. h. beim Vorliegen eines von ihm zu vertretenden Umstandes gewährt, beruht die failure of consideration-Lehre auf dem Gedanken, der Gläubiger, welcher die versprochene Leistung zur festgesetzten Zeit nicht bekommen hat, sei nicht gebunden, am Vertrage festzuhalten. Mit anderen Worten: Der V ist zwar zur Rechtsverschaffung nicht verpflichtet, er hat sie aber immerhin versprochen — bezw. beim sale erklärt, die Übertragung vorzunehmen — und die Tatsache allein, daß er sein Versprechen nicht erfüllt hat — bezw. daß der Eigentumsübergang entgegen seinen Erklärungen nicht eingetreten ist — ohne Rücksicht darauf, ob schuldhaft oder nicht, berechtigt den K zum Rücktritt.[1] Man kann also sagen, daß, soweit das Rücktrittsrecht in Betracht kommt, das Eigentumsverschaffungsprinzip des BGB den K schlechter stellt, als die failure of consideration-Lehre. Aber diese Lehre ist so, wie oben S. 45 entwickelt, keineswegs allgemein anerkannt.

Zahlreiche Gerichte sehen failure of consideration erst in der

[1] Dasselbe gilt für den Rücktritt auf Grund von breach of warranty. Vgl. auch im Sinne des Textes für Vertragsverletzungen im allgemeinen Prochownick, Obligationenrecht, S. 2 und 137.

Eviktion bezw. Besitzstörung des Käufers durch den Eigentümer und versagen demzufolge dem K ein Rücktrittsrecht bis zu diesem Zeitpunkt.[1] Diese Entscheidungen gehen offenbar von einer Auffassung des failure of consideration-Begriffes aus, die von der oben dargelegten und auf zahlreiche Erkenntnisse gestützten erheblich abweicht.

Zunächst soll über den Begriff „consideration", sodann über den Begriff „failure" gehandelt werden.

α) Consideration.

Wer failure of consideration erst mit der Besitzstörung eintreten läßt, muß notwendigerweise die von V versprochene und zu leistende consideration nicht in der Eigentumsverschaffung, sondern in der Besitzübertragung erblicken. Dies kommt, soweit ersichtlich, klar und bestimmt nur in einer einzigen Entscheidung[2] zum Ausdruck, wo es heißt: A sale and delivery of personal property is a good consideration for a note although the seller had not title. Dieselbe Auffassung liegt aber unausgesprochen auch den anderen, soeben angeführten neueren Entscheidungen zugrunde.

Es handelt sich dabei um eine Konstruktion des Kaufvertrages, welche mit seiner modernen, wie gezeigt, auf Rechtsverschaffung gerichteten Struktur unvereinbar ist. Verständlich wäre es, wenn die Rechtsprechung in der mangelnden Eigentumsverschaffung bei erfolgter Übergabe — entsprechend den Vorstellungen des deutschen Rechts — nicht einen total, sondern nur einen partial failure of consideration, nicht eine völlige, sondern nur eine teilweise Nichterfüllung sehen würde. Aber eine solche Auffassung ist den amerikanischen Gerichten fremd. Die Entscheidung 241 P. 233 geht ausdrücklich dahin, unless the buyers possession has been disturbed, there has not been a failure of consideration in whole or in part, woraus sich ergibt, daß für das Gericht die delivery allein eine good consideration darstellt. Diese Rechtsanschauung läßt sich heute kaum noch rechtfertigen, erklären höchstens durch die Erwägung, daß alten englischen Rechtsvorstellungen, welchen eine Rechtsmängelhaftung des V fremd war, mit der Folge, daß in der Tat die ein-

---

[1] Vgl. 83 So. 33 (203 Ala. 322) Everett v. Pickens, Syl. 3, 4, 1919; 241 P. 233 (Mont.) Courtney v. Gordon, 1925, Syl. 9, 10 und die daselbst angeführten Entscheidungen, sowie 24 R. C. L. 232.

[2] 31 Ill. 107 Linton v. Porter.

zige Verpflichtung des V in der delivery bestand, eine starke Lebenskraft innegewohnt haben mag, sodaß sie noch heute gelegentlich fortwirken, zu einer Zeit, wo die Entwicklung im allgemeinen über sie hinweggegangen ist. Sicherlich spricht auch ein voluntaristisches Element mit, ein Teil der Gerichte will aus Billigkeitsgründen dem K vor Eviktion jeden Rechtsbehelf versagen. Die Konstruktion wird dann so gewählt, daß das gewünschte Ergebnis herauskommt.

β) Failure.

Bedeutete Failure oben „nicht in Ordnung gehen" im Sinne von „ausbleiben" der consideration — der Käufer hat das, was er haben sollte, nämlich das Eigentum, nie bekommen — so muß in diesem Zusammenhange etwas anderes darunter zu verstehen sein; denn wenn die consideration in der Besitzübertragung besteht, und failure of consideration erst mit Besitzstörung eintritt, so hat der Käufer mit der Besitzerlangung das erhalten, was er haben sollte, failure kann also hier nur „das Wiederinfragegestelltwerden", den „Wegfall" der ursprünglich versprochenen und geleisteten consideration meinen.

Durch dieses Beispiel wird die oben[1] aufgestellte Behauptung bestätigt, daß der failure of consideration-Begriff äußerst verschwommen und unklar ist und dazu dient, Erscheinungen des Rechtslebens einzufangen, welche nichts oder nur wenig miteinander zu tun haben.

3. Zum Schlusse der Ausführungen über das Wesen und die gesetzlichen Voraussetzungen des Rücktrittsrechts erscheint es angezeigt, kurz die Frage zu prüfen, ob und unter welchen Voraussetzungen K ein Interesse an der Ausübung des Rücktrittsrechts haben kann.

Das Interesse des K liegt auf der Hand, solange er sich noch im ungestörten Besitz der Sache befindet. Erfährt er den Rechtsmangel, so mag er zwar das Risiko auf sich nehmen, daß der Eigentümer mit seinen Ansprüchen nicht hervortritt und deshalb die Sache behalten wollen. Ebensogut aber ist es möglich, daß er dieses Risiko nicht tragen und, insbesondere wenn es sich um gestohlene Sachen handelt, nichts mehr damit zu tun haben will. Dann ist Rücktritt mit dem Anspruch auf Rückzahlung des Kaufpreises der gegebene Rechtsbehelf.

[1] Seite 44.

Schwieriger ist das Interesse des K zu begründen, wenn bereits Besitzstörung eingetreten ist; denn dann wird der Schadensersatzanspruch in aller Regel weiter oder doch mindestens ebensoweit gehen wie der aus dem Rücktritt fließende Anspruch auf Rückzahlung des Kaufpreises. So sind denn auch amerikanische Entscheidungen über Fälle, in denen K nach Eviktion den Rücktritt erklärt hätte, soweit ersichtlich, nicht ergangen. Immer hatten sich die Gerichte mit der Zulässigkeit des Rücktritts im allgemeinen und der Frage der Wirksamkeit vor oder erst nach Eviktion im besonderen zu beschäftigen in Fällen, in denen der im ungestörten Besitz befindliche K den Rücktritt erklärt und auf Rückzahlung des Kaufpreises geklagt hatte. Immerhin lassen sich Fälle denken, wo es auch nach Eviktion für K vorteilhafter sein wird, vom Rücktrittsrecht Gebrauch zu machen.

a) Ein lehrreiches Beispiel bietet eine unlängst ergangene englische Entscheidung:[1] Es handelte sich dabei um folgenden Tatbestand:[2] V erwarb ein dem X gestohlenes Auto ohne Kenntnis seiner Herkunft und verkaufte es in gutem Glauben an K für 400 £. Das Auto wurde dem K von X evinziert. Später erwarb K dasselbe Auto von X für 300 £.

Der dem K durch den Rechtsmangel entstandene Schaden = 300 £.

Höhe des dem V bezahlten Kaufpreises = 400 £.

Folge: K klagt nicht auf Schadensersatz, sondern tritt wegen failure of consideration vom Vertrage zurück und klagt auf Rückzahlung des Kaufpreises in Höhe von 400 £.

V wurde nach dem Klagantrag verurteilt.[3]

---

[1] 2 K. B. (1923) 500, 505 C. A. = 129 L. T. R. 757, Rowland v. Divall.

[2] Der etwas gekürzt und mit veränderten Zahlenbeispielen wiedergegeben wird.

[3] In dieser interessanten und ausführlich begründeten Entscheidung wird noch dargetan, daß 1. im Falle des Rücktritts nach Eviktion die an sich auch für den K bestehende Rückgabepflicht wegen vom V zu vertretender Unmöglichkeit entfällt, 2. V nicht berechtigt ist, den Gebrauchswert, den die Sache in der Zeit zwischen Übergabe und Eviktion für K gehabt hat, vom Kaufpreis abzuziehen.

Vgl. über das amerikanische Recht.

zu 1. 57 So. 757 (176 Ala. 242) Hafer v. Cole 1912 unter 8 entsprechend,

zu 2. 216 S. W. 1038 (140 Ark. 636) Barnet Bros. v. Brown, 1919 Syl 3, sowie 35 Cyc. 612 entsprechend, 124 P. 1004 (163 Cal. 256) Bray v. Loweny 1912, Syl. 6, sowie Williston ‚On Contracts' § 1457 offenbar abweichend.

b) Ähnlich wäre die Rechtslage dann, wenn die Sache zur Zeit der Eviktion an Wert erheblich unter den Kaufpreis gesunken ist. Auch in diesem Falle ist der Rücktritt für K vorteilhafter.[1]

c) Sec. 9, Ziff. 2, Sales Act bestimmt: The price may be made payable in any personal property. Hat also K als Preis eine bewegliche Sache geleistet,[2] so kann er, wenn er selbst evinziert ist, ein Interesse daran haben, nicht in Geld entschädigt zu werden, sondern die von ihm geleistete Sache zurückzuerhalten. Dieses Ziel erreicht er durch Ausübung des Rücktrittsrechts.

IV. Verhältnis von breach of warranty zu failure of consideration.

Blickt man auf das Ergebnis der bisherigen Untersuchungen, so zeigt sich, daß die Begriffe breach of warranty of title und failure of consideration as to title[3] jeder für sich betrachtet, keine einheitliche Auslegung durch die Rechtsprechung gefunden haben. Das Bemerkenswerte besteht nun darin, daß die verschiedenen Auslegungen jedes der beiden Begriffe untereinander wieder übereinstimmen, indem nämlich sowohl der eine als der andere von einem Teil der Gerichte als durch den mangelnden Eigentumsübergang, vom andern Teil erst durch Besitzstörung erfüllt angesehen wird. Schon aus dieser rein äußerlichen Gegenüberstellung ergibt sich, daß zwischen beiden Begriffen eine gewisse Verwandtschaft bestehen muß. Das Verhältnis von breach of warranty zu failure of consideration, und umgekehrt, klarzustellen, soll im folgenden versucht werden.

Wie schon mehrfach hervorgehoben, bezieht sich nach den Anhängern des gemeinrechtlichen warranty of title-Prinzips und der Sales Act sec. 13, Ziff. I die gesetzliche Garantiepflicht, die regelmäßig in jedem Kaufvertrag enthalten ist, darauf, daß V zu der Zeit, zu der nach der Parteiabsicht das Eigentum übergehen soll, das Recht hat, über die Sache zu verfügen. Andernfalls ist

---

[1] Allerdings ist bei diesen beiden Beispielen zu beachten, daß auf Grund einer weit verbreiteten Common Law-Regel zahlreiche amerikanische Gerichte dem K als Schadensersatz wegen Rechtsmangels nicht mehr und nicht weniger als den Kaufpreis zubilligen. S. darüber ausführlich unten S. 67 f. Dann entfällt natürlich die Unterscheidung zwischen Schadensersatzanspruch und Rücktrittsrecht.

[2] Das kommt praktisch auf einen Tauschvertrag hinaus.

[3] Natürlich ist hier nicht von der Bedeutung der Begriffe breach of warranty und failure of consideration im allgemeinen, sondern nur von ihrer Anwendung und Beziehung auf Rechtsmängel die Rede.

die Gewähr gebrochen. Der Bruch der Gewähr hat zur Folge, daß K Eigentum nicht erwirbt. Dann liegt aber failure of consideration vor, in dem Sinne, daß V sein auf Eigentumsübertragung gerichtetes Versprechen nicht eingehalten, K nicht das bekommen hat, was er erhalten sollte und wollte. Man kann also sagen: failure of consideration beruht auf breach of warranty, breach of warrenty führt zum failure of consideration und zwar ohne Ausnahme. Das kommt auch gelegentlich in den Entscheidungen zum Ausdruck. So heißt es z. B.:[1] No proof of failure of consideration is shown, because a breach of warranty is not established. Oder:[2] Where there is a .... warranty and there is a total failure of title and in consequence a breach of said warranty, it necessarily results that there is a total failure of consideration.

Dieses als Ursache und Wirkung zu charakterisierende Verhältnis ist genau das gleiche, wenn man beide Begriffe erst mit Besitzstörung als erfüllt ansieht.

Läßt sich nun der Satz, kein breach of warranty ohne nachfolgenden failure of consideration auch umkehren zu dem Satz: kein failure of consideration ohne vorhergegangenen breach of warranty? Ja und nein. Ja, für den Regelfall, daß der Vertrag die gesetzliche Garantie enthält. Dann nämlich kann failure of consideration immer nur durch den Bruch der Eigentumsgewähr hervorgerufen worden sein. Denn hätte V die Gewähr nicht gebrochen, so hätte er auch dem K Eigentum verschafft und folglich die versprochene consideration geleistet. Nein, für den Ausnahmefall, daß der Vertrag die gesetzliche Garantie nicht enthält, d. h. dann, wenn die Gewähr deshalb nicht gebrochen werden kann, weil keine Gewähr vorhanden ist. Dieser Fall kann eintreten,

α) weil das Gesetz dem V keine Garantiepflicht auferlegt. Beispiel: mangelnder Besitz des V nach common law;[3]

β) weil durch Vereinbarung mit dem K die dem V an sich obliegende Verpflichtung zur Gewährleistung erlassen worden ist.

γ) weil K den Rechtsmangel gekannt hat.[4]

---

[1] 50 N. W. 694 (47 Minn 500) Close v. Crossland 1891.

[2] 20 P. 820 (8 Mont. 380) Budd v. Power 1889.

[3] Vgl. oben S. 20 über weitere Bespiele s. Williston on Sales § 219.

[4] Vgl. 83 A. 175 (82 N. J. L. 726) Dreisbach v. Eckelkamp 1912; ferner 237 S. W. 629 (Tex.) Nichols v. Lorenz 1922. Die Beweislast für das Fehlen der Gewähr hat in den Fällen unter *β* und *γ* der V. Vgl. 121 S. E. 547 (S. C.) Mauldin v. Milford 1924 Syl. 4.

Das Fehlen der gesetzlichen Gewähr — aus welchen Gründen immer — ändert natürlich nichts an der Struktur des Vertrages, läßt also das Versprechen des V, Eigentum zu übertragen, völlig unberührt. Erfüllt V dieses Versprechen nicht, bezw. führt beim sale die Erklärung, gegenwärtig Eigentum zu übertragen, nicht zum Ziel, so bedeutet das auch in diesem Falle failure of consideration. Damit ist gezeigt, daß der Kaufvertrag von seiten des V nicht erfüllt sein mag, obwohl die Gewähr nicht gebrochen ist. Hieraus folgt zunächst das eine, daß der Käufer diejenigen Rechtsbehelfe, welche ihm nur auf Grund von breach of warranty zur Seite stehen, nicht geltend machen, also weder Schadensersatz verlangen, noch nach dem System der Sales Act vom Vertrage zurücktreten kann.

Aber folgende Frage drängt sich auf: Wenn doch failure of consideration immerhin vorliegt, muß K nicht nach Equity-Recht zum Rücktritt oder zur Weigerung des Kaufpreises berechtigt sein, obwohl die Gewähr fehlt, oder ist breach of warranty zwar nicht, wie gesehen, Voraussetzung für das Vorliegen, aber doch für die Geltendmachung von failure of consideration.[1] Die Rechtslehre nimmt zu dieser Frage keine Stellung. Die wenigen Entscheidungen, welche, soweit ersichtlich, ergangen sind, weichen voneinander ab. In der ältesten einschlägigen Entscheidung[2] wird der Standpunkt vertreten, K könne alle Rechte aus failure of consideration herleiten, insbesondere vom Vertrage zurücktreten, auch wenn der Vertrag keine warranty enthalten habe.[3] Zur Begründung wird darauf verwiesen, daß ja der Vertrag ohne consideration von Anfang an nichtig sei. As a covenant without a consideration is null, it is the same thing, if the consideration happen to cease; dann hat der K —

---

[1] Dabei soll nochmals betont werden, daß diese Frage nichts zu tun hat mit der anderen, wann breach of warranty und failure of consideration als gegeben anzusehen sind. Das im Text erörterte Problem taucht vielmehr auf unabhängig davon, wie die Begriffe ausgelegt werden, wann man sie als erfüllt ansieht.

[2] 4 Desaus Eq (S. C.) 53, 58. Zwar hat die Entscheidung es mit einem Grundstückskauf zu tun. Doch erklärt das Gericht die von ihm aufgestellte Regel ausdrücklich auch auf personal estates für anwendbar.

[3] Vgl. dazu auch Rabel, Haftung S. 313. Dort werden österreichische Schriftsteller zitiert, welche, offenbar entsprechend der obigen Entscheidung, trotz Fehlens der Haftung es gleichwohl wider die natürliche Billigkeit finden, daß die Verkäufer den Kaufschilling behalten sollten, der Erwerber aber nicht das Gut.

Eviktion war vorhergegangen — ein Recht, so gestellt zu werden, wie er vor dem Vertrage stand, d. h. er hat einen Anspruch auf Rückzahlung des Kaufpreises auf Grund von failure of consideration.[1]

Die entgegengesetzte Rechtsanschauung findet sich in einer neueren Entscheidung.[1] Dort heißt es S. 822: In the absence of fraud or deceit in the sale of personal chattels the right of a purchaser to rely upon a failure of consideration by reason of a failure of title depends upon wether the purchase was made under such circumstances as that the seller expressly warrants the title or the law implies a warranty thereof. Da, fährt das Gericht fort, V zur Zeit des Vertragsschlusses nicht im Besitz der Sache gewesen sei, also eine gesetzliche Garantiepflicht nicht bestanden habe, so könne sich K auf failure of consideration, trotzdem die Begriffsmerkmale ohne Zweifel vorlägen, nicht berufen. So wurde K, obwohl ihm die Kaufsache nicht einmal übergeben worden war, — denn V hatte sie gar nicht — zur Zahlung des Kaufpreises verurteilt unter Anwendung des Satzes caveat emptor.[2]

Neben diesen beiden Entscheidungen, welche sich ex officio mit dem Problem beschäftigen, trifft man etwa auf Bemerkungen wie:[3] He interposed a defence of a failure of consideration based upon an implied warranty of title. Hieraus ist zu entnehmen, daß auch das New Yorker Gericht die warranty of title, d. h. richtiger den Bruch der Gewähr als Voraussetzung für die Geltendmachung von failure of consideration ansieht.

Diese Anschauung dürfte am ehesten mit Sinn und Wesen der failure of consideration-Lehre in Einklang stehen. Sie gibt wertvollen Aufschluß über das System des Gesetzes. Danach erscheint die Haftung wegen eines Mangels im Recht nicht als ein Teil der Erfüllung wie nach deutschem Recht, sondern im Grunde immer als Folge einer besonderen gesetzlichen Garantiepflicht, der implied warranty of title. Wenn trotzdem die englisch-amerikanische Praxis den failure of consideration-Begriff eingeführt hat und damit noch heute operiert, so geschah es, nicht um eine Haftung des V neben und unabhängig von der warranty zu statuieren, sondern um die beschränkten Rechtsbe-

[1] Der bereits vielfach zitierten 20 P. 820 (8 Mont. 320) Budd v. Power 1889.

[2] Vgl. dazu auch oben S. 21.

[3] 70 N. Y. S. 979 Forgotston v. Cragin 1901.

helfe, welche das alte Recht an den Bruch der Gewähr knüpfte, zu erweitern.[1] Dabei blieb das Vorhandensein einer warranty selbstverständliche Voraussetzung jeder Haftung. Heute, wo sich die Tendenz, an den Bruch der Gewähr unmittelbar weitgehende Rechtsfolgen über den Schadensersatzanspruch hinaus zu knüpfen, in erheblichem Umfange bereits durchgesetzt hat,[2] hat sich im Bereich der Rechtsmängelhaftung die Mission des failure of consideration-Begriffes, wenn noch nicht völlig, so doch bis zu einem hohen Grade erfüllt. Mit dem Fortschreiten der Entwicklung, insbesondere in dem noch rückständigen common law, wird der failure of consideration-Begriff immer mehr an Bedeutung einbüßen und vielleicht eines Tages aus der Rechtsmängellehre verschwinden — für die Systematik des Gesetzes ein unbestreitbarer Gewinn.

V. Fraud.

Die bisherige Untersuchung bezog sich nur auf den Fall der Gutgläubigkeit des V.[3]

Ebenso wie in Rom die Rechtsmängelhaftung durch die Aufnahme der Dolusbekämpfung in das Kaufrecht ergänzt wurde,[4] so wird sie im amerikanischen Recht erweitert und verstärkt durch die gegen „fraud" des V bestehenden Sanktionen. Liegt auf seiten des V fraud vor, so kann der Käufer, selbst wenn er sich in ungestörtem Besitz der Sache befindet, alle Rechte geltend machen, welche ihm von den Anhängern der Eviktionslehre sonst erst bei Besitzstörung zugesprochen werden. Er kann also, wie unbestritten, sowohl die Kaufpreiszahlung verweigern,[5] als auch vom Vertrage zurücktreten,[6] sowie substantial damages verlangen.[7] Natürlich ist die Heranziehung des fraud-Begriffes nicht erforderlich für diejenigen Gerichte, welche dem im ungestörten Besitz befindlichen Käufer alle diese Rechte ohnehin bereits auf

[1] Vgl. darüber oben S. 42 f.

[2] Vgl. Sales Act, sec 69, Abs. 1 d.

[3] Natürlich mit Ausnahme der rein begrifflichen Untersuchungen.

[4] Vgl. Rabel, Haftung S. 93.

[5] 10 So. 430 Johnson v. Oehmig (Ala.) 1892; 43 Miss. 497, 501 Storm v. Smith 1870/71; 24 Wend. 102 Case v. Hall 1840.

[6] 241 P. 233 (Mont.) Courtney v. Gordon, 1925, Syl 10, 11; 44 S. E. 963 (S. C.) Computing Sales Co v. Long.

[7] 4 Leigh (31 Va) 474 Rive v. White, 1833; 24 Wend. 102 Case v. Hall; 4 Ark. 467 Summer v. Gray. Letztere Entscheidung nicht zugänglich, zit. bei Williston, on Sales, § 615, Note 73.

Grund von breach of warranty oder failure of consideration gewähren.

Über die Begriffsmerkmale des fraud herrscht Streit.[1] Auf die einzelnen Streitfragen kann hier nicht eingegangen werden, doch erscheinen folgende Punkte gerade im Zusammenhang mit der Rechtsmängelhaftung erwähnenswert.

1. Daß V des fraud schuldig ist, wenn er arglistig zum Zwecke der Täuschung vorspiegelt, er sei Eigentümer und K dadurch zum Abschluß des Vertrages bestimmt wird, liegt auf der Hand.[2] Aber — genügt Verschweigen des Rechtsmangels? Darunter ist zu verstehen die Unterlassung des Hinweises auf den Rechtsmangel trotz Kenntnis von ihm. Die Frage wird im allgemeinen bejaht. So heißt es z. B. in 44 S. E. 963: If, however, the vendor at the time of the sale knew of a valid outstanding title... and failed to give notice to the vendee, the element of fraud is introduced.

Dabei taucht jedoch derselbe Zweifel auf, wie bei D. 19, 1, 80, 1: Si sciens alienam rem ignoranti mihi vendideris, etiam priusquam evincatur me ex empto acturum putavit... nämlich: fällt unter die Regel auch die Verschweigung in gutem Glauben. Man nehme etwa das von Rabel[4] gebildete Beispiel, daß V die Sache eines Nachbarn in der begründeten Erwartung der Genehmigung als die seine verkauft, die Genehmigung aber ausbleibt. Oder V glaubt, K kenne den Rechtsmangel, oder er vergißt nur, den K darauf aufmerksam zu machen. Nach der mitgeteilten Entscheidung müßte man annehmen, daß die bloße Kenntnis des Mangels anstelle der übrigen Elemente des fraud = dolus tritt, daß also Verschweigung aus Fahrlässigkeit zur Erfüllung des Begriffs ausreicht — ein Ergebnis, zu dem auch Rabel (a. a. O.) für das römische Recht gelangt. Dabei ist aber bezüglich der angeführten Entscheidung des Supreme Court of Carolina ein Zweifel erlaubt, ob eine erschöpfende Begriffsbestimmung des fraud gegeben werden soll oder ob nicht vielmehr nur obiter darauf hingewiesen wird, daß, wenn der zur Beurteilung stehende Tatbestand die erwähnten, fehlenden Merkmale enthalten hätte,

---

[1] Vgl. Williston, on Sales, § 624 ff.

[2] Vgl. 241 P. 233 Syl 10, 11, Courtney v. Gordon, 1925.

[3] Verschweigung in gutem Glauben ist nicht zu verwechseln mit der eingangs, S. 54, erwähnten Gutgläubigkeit des V. Verschweigung setzt immer — auch wenn gutgläubig — die Kenntnis des Mangels voraus, während Gutgläubigkeit des V im allgemeinen fehlende Kenntnis vom Rechtsmangel bedeutet.

[4] Haftung S. 95.

dann eine abweichende Entscheidung auf Grund von fraud hätte ergehen können.[1]

In einem anderen Erkenntnis[2] wird zur Frage der Wertung des Verschweigens eines Rechtsmangels ausgeführt: There is the rule that, if a party conceals a fact material... in his knowledge, knowing that the other party acts on the presumption that no such fact exist, it is... a fraud. Hier wird also — weitergehend als obige Entscheidung — verlangt, daß der V gewußt haben muß, K handle „on the presumption that no such fact exist." Daraus geht jedenfalls soviel hervor, daß V, wenn er geglaubt hat, K kenne den Rechtsmangel, und es deshalb nicht für nötig gehalten hat, ihn darauf hinzuweisen, nicht fraudulently handelt.

Die Literatur nimmt zu der Frage des Verschweigens in gutem Glauben, soweit ersichtlich, keine Stellung. So begnügt sich z. B. Mechem[3] mit der kurzen Bemerkung, daß a vendor who sells the chattel knowing that he has no title and concealing that fact from the buyer is guilty of fraud. Doch ist die Möglichkeit nicht von der Hand zu weisen, daß schon das Verbum conceal entsprechend dem lateinischen celare[4] eine Schadensabsicht des V in sich schließt, sodaß überall da, wo Rechtsprechung[5] und Schrifttum den Begriff verwenden, die Frage, ob Verschweigung in gutem Glauben als fraud anzusehen ist, implicite verneinend beantwortet wird.

2. Gemäß Civil Code von Alabama aus dem Jahre 1907 sec 4298, wo es heißt, daß misrepresentation of a material fact, made willfully to deceive or if made by mistake and innocently, and so acted upon, constitutes legal fraud, the good faith of a party making such representation is immaterial.[6]

Danach würde fraud begehen, wer eine fremde Sache als eigene verkauft, in der irrtümlichen aber entschuldbaren Annahme, es handle sich um seine eigene. Beispiel: V hat im

---

[1] Dieselben Zweifel sind bei 24 Wend. 102 Case v. Hall, 1840, angebracht.

[2] 91 N. W. 1097 (87 Minn. 358) Thomas v. Murphy, 1902.

[3] Sec 1300; ähnlich Williston, on Sales, sec 638. Vgl. auch die dort zitierten nicht zugänglichen Entscheidungen 35 Ark. 483 Merritt v. Robinson; 48 Me. 44 Abbott v. Marshall.

[4] Rabel, Haftung S. 94.

[5] Vgl. auch 62 N. Y. 329 Burt v. Dewey 1875.

[6] 57 So. 757 (Ala.), 1912, Syl 4. Hafer v. Cole.

besten Glauben vom Dieb erworben. Allerdings muß misrepresentation, d. h. eine nicht den Tatsachen entsprechende Behauptung auf seiten des V vorliegen. Da aber nach richtiger Ansicht[1] in dem Angebot einer Sache zum Kauf in der Regel die stillschweigende Behauptung des V liegt, daß die Sache ihm auch gehöre, so würde der Verkauf einer fremden Sache fast ausnahmslos eine misrepresentation im Sinne des Gesetzes, d. h. die unrichtige Behauptung des V, Eigentümer zu sein, enthalten, und die an fraud geknüpften Rechtsnachteile zur Folge haben. Die Gleichstellung von innocent misrepresentation und fraud, welche sich auch sonst gelegentlich findet,[2] aber nicht herrschend ist, gibt also den auf dem Boden der Eviktionslehre stehenden Gerichten die Möglichkeit, die an sich geleugnete sofortige Haftung des V auf einem Umwege wieder einzuführen, ohne die Haftungsvoraussetzungen sachlich zu erweitern.[3]

Mehr kann hier über den Fraud-Begriff nicht gesagt, nur noch hervorgehoben werden, daß die Haftung des V auf Grund von fraud auch dann Platz greift, wenn die gesetzliche Garantie — etwa wegen mangelnden Besitzes auf seiten des V — fehlt.[4]

E. Die Eviktion und die mit ihr zusammenhängenden Probleme.

Die vorangegangenen Untersuchungen haben gezeigt, daß ein großer Teil der Praxis dem K das Recht versagt, vor Eviktion, in welcher Form auch immer, zu Ungunsten des V sich auf den Rechtsmangel zu berufen.[5] Daraus folgt die Notwendigkeit, Begriff, Wesen und Rechtsfolgen der Eviktion im einzelnen zu erörtern.

I. Begriff.

Unter Eviktion im eigentlichen Sinne ist zu verstehen die Entwehrung des K durch den Eigentümer im Wege der Zwangsvollstreckung auf Grund eines obsiegenden Urteils. Der Entwehrung steht natürlich die freiwillige Herausgabe auf Grund

[1] Vgl. Williston, on Sales, § 131.

[2] Vgl. Williston, on Sales, sec 632.

[3] Vgl. insbes. die zuletzt angeführte Entscheidung.

[4] Vgl. 20 P. 820 (8 Mont. 380) Budd. v. Power, 1889.

[5] Vgl. jedoch über die Rechte des K vor Annahme der Sache unten S. 73 ff.

des Urteils gleich.[1] K braucht aber nicht abzuwarten, bis der Eigentümer gerichtlich gegen ihn vorgeht. Sobald er sich von dem Eigentumsrecht des Prätendenten überzeugt hat, kann er diesem die Sache herausgeben, ohne seiner Regreßrechte gegen V verlustig zu gehen. Das Gesetz verlangt nicht vom Käufer, daß er sich in einen aussichtslosen Prozeß mit dem Eigentümer einläßt. The law does not require one to do a vain thing.[2] Ob die Herausgabe in freiwilliger Anerkennung des Rechtes oder erst auf Grund eines dem K ungünstigen Urteils erfolgt ist, macht ebenso wie nach BGB nur für die Beweislast einen Unterschied. Im ersteren Falle hat der K das Bestehen des Rechts dem V gegenüber, falls dieser es bestreitet, zu beweisen;[3] ist dagegen die Herausgabe auf Grund der Verurteilung des K erfolgt, so ist dieser von dem gedachten Beweise dem V gegenüber befreit, wenn er dem letzteren in dem Rechtsstreit mit dem Dritten den Streit verkündet hat, der V infolgedessen das ergangene Urteil gegen sich gelten lassen muß.[4] Voraussetzung für den Ersatzanspruch des K ist aber die Streitverkündung nicht. Sie begründet, wenn erfolgt, auch keine gesetzliche Verpflichtung zur Defension. Das obsiegende Urteil des Eigentümers gegen K ist „conclusive" gegenüber V, er muß es gegen sich gelten lassen, einerlei, ob er sich dem K angeschlossen, dessen Verteidigung im Prozeß übernommen hat oder nicht. Wo in den Entscheidungen von einer Defensionspflicht die Rede ist, beruht sie auf vertraglicher Vereinbarung. So findet sich auch heute noch gelegentlich in Kaufverträgen aufgenommen eine Erklärung des V, to warrant and defend oder protect against all claims und ähnliches.[5]

Alle diese Fragen werden von der amerikanischen Praxis einheitlich und in Übereinstimmung mit dem deutschen Recht beantwortet. Streit herrscht nur darüber, ob zur Herbeiführung der Rechtskraftwirkung eine förmliche Streitverkündung (express re-

---

[1] Unstreitig. Vgl. z. B. 41 Ill. 413 Harding v. Larkin, 1866.

[2] 15 S. E. 941 (N. C.) Hodges v. Wilkinson, 1892; vgl. auch 165 N. W. 877 (139 Minn. 103) Jordan v. van Duzee. 1917.

[3] Vgl. einerseits BGB § 442, anderseits 278 S. W. 32 (Ark) Jackson v. Carter 1925; 57 So. 757 (176 Ala 242) Hafer v. Cole 1912 unter Nr. 10.

[4] Vgl. einerseits die §§ 74, 78 ZPO, anderseits 14 N. W. 508 (30 Minn. 114) Hersey v. Long, 1883; 40 N. Y. 283, Burt v. Dewey; 205 N. Y. S. 645 Pinney v. Geraghty.

[5] Vgl. z. B. 253 P. 90 (Okla.) Hurst v. Dillon 1926; 14 N. W. 508 (30 Minn. 114) Hersey v. Long 1883 sowie 4 N. E. 739 Cahill v. Smith (N Y 1886).

quest to come in and defend) erforderlich oder die bloße Mitteilung von dem schwebenden Streitverfahren (the mere notice of the pending of the action) ausreichend ist. Die überwiegende Mehrzahl der Gerichte scheint sich mit der formlosen mündlichen[1] Mitteilung des K zu begnügen.[2]

Aber nicht Entwehrung oder freiwillige Herausgabe der Sache allein berechtigen den Käufer zum Regreß. Andere Tatbestände sind der Eviktion oder Herausgabe in ihrer Wirkung gleichgestellt.

α) Es ist eine Besonderheit des amerikanischen Rechts, daß der mit der replevin-Klage[3] durchgedrungene Eigentümer nach seiner Wahl entweder, wie nach der ZPO, die Herausgabe der Sache selbst betreiben, oder den Schuldner zur Leistung des vom Gericht taxierten Geldwertes der Sache anhalten kann.[4] Daraus folgt, daß die „Entwehrung" des Geldwertes der Entwehrung der Sache gleichsteht. In diesem Zusammenhang darf auf das bekannte Urteil des Reichsgerichts[5] verwiesen werden. Wenn dort unter der Devise: Über der Formulierung des Gesetzes steht sein leitender Gedanke, den im § 440, II aufgezählten Tatbeständen der weitere gleichgestellt wird, daß der K dem Eigentümer wegen schuldhafter Unmöglichkeit der Herausgabe Schadenersatz durch Erstattung des Wertes nach Maßgabe der §§ 989, 990 BGB geleistet hat, so ist vom Standpunkt des amerikanischen Rechts, welches in jedem Falle dem Eigentümer die Wahl zwischen Natural- und Geldbefriedigung, zwischen Sachentziehung und Entziehung des Wertes läßt, der vom Reichsgericht gemachte Sprung, welcher nach deutschem Recht nicht unerheblich erscheint, nur sehr gering oder gar nicht vorhanden.[6]

β) K mag den Eigentümer durch Geld abfinden[7] oder

---

[1] Vgl. 100 So. 101 Edwards v. Beard 1924 unter 5.

[2] Die Frage wird ausführlich mit zahlreichen Nachweisungen behandelt in 205 P. 475 (56 Cal. App. 304) Pezel v. Yerex, 1922.

[3] So heißt die Klage des Eigentümers gegen den Besitzer auf Herausgabe.

[4] Vgl. 34 Cyc. 1552 N. 45. Plaintiff may, at his option, have an execution for the specific property or its assessed value, und 38 N. J. L. 346 Field v. Post 1876; 10 S. E. 210 (104 N. C. 122) Aldridge v Loftin, 1889.

[5] RGE 117, 335.

[6] Vgl. dazu 35 S. W. 1075 (13 Tex. Civ App 662) Hudson v. Norwood, 1896.

[7] Vgl. z. B. 4 N. E. 739 Cahill v. Smith (N. Y.) 1886; 62 N. Y. 329 Mc Giffin v. Baird, 1875; 91 N. Y. 194 O'Brien v. Jones.

γ) dem V die Sache zurückgewähren.'[1]

Über die anderen, in § 440, II—IV der Herausgabe an den Eigentümer gleichgestellten Tatbestände[2] sind, soweit ersichtlich, keine Entscheidungen ergangen, mit Ausnahme des Untergangs der Sache. So heißt es in einer früheren New Yorker Entscheidung:[3] A buyer may recover for a breach of an implied warranty of title, although the subject matter of the sale has been lost or destroyed. Da aber der Wortlaut der Entscheidung nicht zugänglich war, so läßt sich über die Tragweite des in der Überschrift formulierten Prinzips nichts sagen.[4]

Die Hauptbedeutung der Eviktion bezw. der ihr gleichzustellenden Tatbestände besteht darin, daß nach der überwiegenden Common Law-Lehre[5] erst durch sie ein Bruch der Gewähr begründet wird, welcher den K berechtigt, vom V Schadenersatz zu verlangen.[6]

II. Evinzierung des Abkäufers.

Nun kann es aber vorkommen, daß nicht der Käufer (= K 1), sondern erst dessen Abkäufer (= K 2) evinziert wird. Dann tauchen einige neue Fragen auf.

1. Kann K 1, wenn er dem K 2 wegen des Rechtsmangels Ersatz geleistet hat, seinerseits gegen V Regreß nehmen?

Der Wortlaut des BGB (§ 440, II) schließt einen Rückgriff in diesem Falle aus, denn er setzt voraus, daß K 1 selber die Sache dem Dritten mit Rücksicht auf dessen Recht herausgegeben hat. Verständigerweise gelangt aber die Praxis dennoch zur Bejahung des Regreßrechts, indem sie den Nachweis zu führen sucht, daß der Wortlaut des Gesetzes, zu eng, dem Willen des Gesetzgebers nicht entspreche.[7]

Das amerikanische Recht, in diesem Punkte weiter und besser als das deutsche, läßt an dem Ergebnis keinen Zweifel. Die warranty of title des common law, sowie die entsprechend auszulegende warranty of quiet possession der Sales Act sichern den

---

[1] Vgl. 62 N. Y. 329 Mc Giffin v. Baird.

[2] Sie sind praktisch nicht von erheblicher Bedeutung.

[3] 3. E. D. Smith (N. Y.) 409 Beckmann v. Bormann nicht zugänglich, zit. bei 35 Cyc. 416, Note 42.

[4] Vgl. auch 4 Ark. 467 Summer v. Gray. In diesem Zusammenhang zit. b. 24 R. C. L. 232.

[5] Vgl. darüber oben S. 22 ff.

[6] Ebenso nach der Sales Act, sec 13, Ziff. 2.

[7] Vgl. OLGE 13, 405.

K gegen allen Schaden, der ihm durch Eviktion zugefügt werden mag, ohne daß es darauf ankommt, ob K selbst oder erst dessen Abkäufer evinziert worden ist, und K diesem hat Ersatz leisten müssen.[1] Ist freilich K 2 zwar evinziert worden, hat aber K 1 nicht ersatzpflichtig gemacht, so steht auch diesem nach herrschender Common Law-Lehre kein Anspruch gegen V zu.[2] Das ist konsequent: Denn, wenn die Möglichkeit späterer Eviktion nicht ausreicht, den Anspruch für K zu begründen, vielmehr erst die vollzogene Eviktion den Anspruch entstehen läßt, so kann entsprechend im Falle des Weiterverkaufs nicht schon die Evinzierung des Abkäufers, d. h. die Tatsache des Bestehens einer Ersatzpflicht ihm gegenüber, sondern erst die erfolgte Entschädigungsleistung das Klagerecht des K 1 gegen V zur Entstehung bringen. Der gemeinsame Gedanke ist: K muß substantially injured sein, bevor er substantial damages verlangen kann. Während aber 34 P. 585 als Voraussetzung für das Regreßrecht des K 1 gegen V die vorherige Befriedigung des K 2 verlangt, begnügt sich eine andere Entscheidung[3] mit einem dem K 2 freiwillig abgegebenen Anerkenntnis des K 1. Es handelt sich dabei um einen Parallelfall zu dem oben[4] erörterten Streitpunkt, wann eine Besitzstörung als vorliegend zu erachten ist. Ebenso wie dort die Gerichte schwankten und zum Teil erst die Eviktion, zum Teil bereits das vom Eigentümer erstrittene Urteil mit der drohenden Folge der Zwangsvollstrekkung als disturbance ansahen, so ist auch hier, d. h. im Falle der Evinzierung des K 2, entsprechend bestritten, zu welchem Zeitpunkt das Regreßrecht des K 1 entsteht, ob erst durch Ersatzleistung oder schon durch das die Ersatzpflicht feststellende Urteil, mag dieses auf einem Anerkenntnis beruhen oder nicht.[5]

2. Ist K 2 zum Sprungregreß berechtigt, d. h. kann er sich unmittelbar an V oder nur an seinen Vormann K 1 halten?

Die Frage ist z. B. dann von praktischer Bedeutung, wenn sich K 1 im Konkurs befindet. Das amerikanische Recht, entprechend dem deutschen, versagt dem K 2 den Sprungregreß und ver-

---

[1] Vgl. 1 Or. 193 Arthur v. Moss, 1855; 30 Miss. 181 Noel v. Wheatly, 1855.

[2] Vgl. 34 P. 585 (3 Col. App. 587) Myers v. Bowen, 1893.

[3] 121 S. E. 547 (S. C.) Mauldin v. Milford, 1924, Syl 20.

[4] S. 24.

[5] Möglicherweise genügt nach der zuletzt angeführten Entscheidung sogar ein außergerichtliches Anerkenntnis, der Ausdruck: he has assumed payment ist nicht völlig klar.

weist ihn auf den Rückgriff gegen seinen unmittelbaren Vormann K 1. Der Grund liegt darin, daß der aus der Eviktion entspringende Anspruch als auf dem Vertrag beruhend nur gegen den Vertragsgegner zustehen kann, zwischen V und K 2 aber keine vertraglichen Beziehungen bestehen. There is no privity of contract between the subpurchaser and the original seller. Auch gehen auf Grund der bloßen Tatsache des Weiterverkaufs nicht die etwaigen Rechte des K 1 gegen V auf K 2 kraft Gesetzes über. The warranty of personal property does not run with the property.[1] Such warranty is personal to the purchaser of the property to whom the warranty is made and a subsequent sale of the property by such purchaser does not operate to vest in a subsequent purchaser any right of action which the former might have against the original seller for a breach of warranty.[2]

Das Ergebnis dieser Anschauung ist eine unnütze Vermehrung der Prozesse. Versperrt man dem K 2 den Regreß gegen V, so wird überflüssigerweise K 1 in den Gewährenzug einbezogen mit der Folge, daß anstatt eines Prozesses zwei erforderlich werden; erst muß K 2 gegen K 1, dann dieser gegen V vorgehen. Es besteht also ein praktisches Bedürfnis, den K 1, zumindest mit seinem Einverständnis, zu umgehen. Da K 2, wie gesehen, aus eigenem Recht Ansprüche gegen V nicht geltend machen kann, die Ansprüche des K 1 gegen V auch nicht kraft Gesetzes mit dem Abschluß des Vertrages auf K 2 übergehen, so bleibt als einziges Aushilfsmittel die Abtretung der Rechte des K 1 an K 2. Eine solche Abtretung ist in zweierlei Weise denkbar.

a) K 1 kann bereits mit dem Abschluß des Kaufvertrages alle ihm aus der Gewährleistung gegen V zustehenden Ansprüche auf K 2 übertragen. Doch wird eine solche Abtretung nicht allgemein anerkannt: die Frage der assignability of the warranty ist noch nicht völlig geklärt.

Vom Standpunkt der Anhänger des warranty of title-Prinzips, welche einen breach of warranty allein in der Tatsache des Dritteigentums erblicken und folglich bereits dem im ungestörten Besitz befindlichen K einen Anspruch auf substantial damages

---

[1] Vgl. Walds Pollock on Contracts, 3. Auflage, herausgegeben von Williston, 1906, S. 298, N. 93; anders beim Grundstückskauf. Dort gilt in gewissem Umfange der Satz: The covenant runs with the land. Vg. 15 C. J. S. 1245, §§ 60 ff., insbes. § 64.

[2] 121 S. E. 547 (S. C.) Mauldin v. Milford, 1924, Syl 8, unstreitig; vgl. auch 45 S. E. 394 (117 Ga. 782) 1903 Smith v. Williams.

gewähren, bestehen hinsichtlich der Zulässigkeit der Abtretung dieses Anspruchs an K 2 keinerlei Bedenken. Ebenso wie jede andere complete cause of action,[1] so ist eine cause of action for breach of warranty ohne weiteres abtretbar.[2]

Zweifel tauchen erst dann auf, wenn man mit der überwiegenden Common Law-Lehre einen Bruch der Gewähr erst durch Besitzstörung eintreten läßt. Stellt man sich auf den Boden dieser Lehre, so ist für K 1, wenn er, in ungestörtem Besitz befindlich, dem K 2 die Sache verkauft und übergibt, eine cause of action gegen V noch nicht entstanden. Er kann also dem V auch keine übertragen. Nun entsteht die Frage, ob, wenn auch nicht ein assignment of a cause of action, doch ein assignment of the warranty itself in dem Sinne möglich ist, daß der assignee, der Zessionar, K 2 in den Stand gesetzt wird, im Falle eines späteren Bruches der Gewähr, d. h. im Falle der Eviktion, eine Schadenersatzklage unmittelbar gegen V anzustrengen. Es handelt sich dabei also nicht um eine Übertragung des aus der Gewähr fließenden, noch gar nicht zur Entstehung gelangten Anspruchs, sondern um eine Abtretung des ursprünglich dem K 1 gegebenen Gewährleistungsversprechens an K 2 mit der Maßgabe, daß nicht nur der Anspruch im Falle seines Entstehens dem K 2 zustehen soll, sondern — und hier liegt die Problematik — auch die anspruchbegründenden Tatsachen, die sog. Entstehungsvoraussetzungen (Eviktion, bezw. Besitzstörung) nicht mehr in der Person des Zedenten K 1, sondern in der des Zessionars K 2 eintreten müssen. Denn der Zweck der Abtretung besteht ja gerade darin, dem K 2, wenn er evinziert wird, einen Anspruch unmittelbar gegen V zu geben. Die Rechtsprechung hat, soweit ersichtlich, bisher keine Gelegenheit gehabt, klar und eindeutig zu der Frage der Abtretbarkeit des Garantieversprechens in dem gedachten Sinne mit den bezeichneten Wirkungen Stellung zu nehmen. The few cases which have considered the question make it doubtful whether the warranty itself, at least prior to a breach thereof may be assigned so as to enable the assignee thereof to maintain an action at law for its subsequent breach, resumiert zutreffend, unter richtiger Hervorhebung der Problemstellung, ein amerikanischer Komentator. Die wenigen Entschei-

[1] Wo wir vom Anspruch, sprechen die Engländer und Amerikaner vom Klagerecht — vgl. Lawyers Reports annotated (LRA) (N. S.) Bd. 51, S. 1114, Note.

[2] Vgl. 51 L. R. A. (N. S.) S. 1114, Note.

dungen haben es in der Hauptsache mit der Frage des gesetzlichen Sprungregresses zu tun. Nachdem dieser abgelehnt ist, — the warranty does not run with the property — finden sich gelegentlich nebenbei Bemerkungen wie: It must be held that a warranty of title must be specifically a s s i g n e d by a vendee to his vendee[1] in order to hold the remote vendor thereon.[2] Was aber unter einem specifical assignment zu verstehen, insbesondere unter welchen Voraussetzungen es zulässig und mit welchen Wirkungen es ausgestattet ist, wird nicht gesagt. In anderen Entscheidungen wieder wird eine assignability of warranty ausdrücklich verneint.[3]

Auch für das deutsche Recht ist die Lösung des Problems zweifelhaft.[4]. Sicher ist nur so viel, daß die Abtretung eines g e g e n w ä r t i g e n Anspruchs nicht in Frage kommt; denn da gemäß § 440, II ein Schadensersatzanspruch erst durch Entwehrung des K begründet wird, so steht dem K 1 zur Zeit des Verkaufs und der Übergabe der Sache an K 2 ein gegenwärtiger Anspruch noch nicht zu. Man könnte an Abtretung eines künftigen Anspruches denken. Aber auch dabei tauchen Schwierigkeiten auf. Zwar wird auf Grund analoger Anwendung des § 440, II ein Ersatzanspruch des K 1 gegen V anerkannt, auch für den Fall, daß K 2 evinziert worden ist,[5] aber doch nur unter der Voraussetzung, daß K 2 den K 1 regreßpflichtig gemacht hat. Der Anspruch des K 1 entsteht also erst, nachdem er dem K 2 Ersatz geleistet hat. Zwar wäre die Abtretung dieses künftigen Anspruchs unbedenklich, aber damit ist nichts gewonnen, denn die Parteien wollen ja gerade vermeiden, daß K 1 in den Gewährenzug einbezogen wird. Zu vertreten dürfte dagegen eine andere Konstruktion sein. Zwar steht, wie hervorgehoben, dem K 1 n a c h Eviktion des K 2, aber v o r dessen Entschädigung kein Anspruch gegen V auf Ersatzleistung an sich selber im eigenen Interesse, wohl aber ein Anspruch auf Ersatzleistung an K 2 in fremdem Interesse zu.[6] Dieser Anspruch besteht zur Zeit des Vertrags-

---

[1] Gemeint ist subvendee.

[2] 208 P. 35 (120 Wash. 653) Peregrine v. West Seattle State Bank 1922, unter 3. a. E.

[3] 73 Ill. 130 Zuckermann v. Solomon, 1874; 45 S. E. 394 (117 Ga. 782) Smith v. Williams, 1903.

[4] Die Frage wird, soweit ersichtlich, nirgends behandelt.

[5] S. oben S. 60.

[6] Dies ist unbedenklich mit P l a n c k - S i b e r, S. 86, anzunehmen.

schlusses zwischen K 1 und K 2 bereits als künftiger und dürfte als solcher auch an K 2 abgetreten werden können.[1]

b) In Betracht kommt sodann eine Abtretung der Ansprüche des K 1 zu einem Zeitpunkt, wo K 2 bereits evinziert ist.

Da nun, wie mehrfach hervorgehoben, nach herrschender Common Law-Lehre ein Schadensersatzanspruch erst dann entsteht, wenn K 1 dem K 2 Ersatz geleistet hat, so ist nicht ersichtlich, welche Ansprüche K 1 vor Ersatzleistung dem K 2 abtreten könnte.

Trotzdem hat ein New Yorker Gericht[2] die Abtretung als wirksam gelten lassen und der auf Grund der abgetretenen Forderung erhobenen Schadensersatzklage des K 2 gegen V stattgegeben. Natürlich wendete der Anwalt des V ein, dem K 1 habe ein abtretungsfähiger Anspruch gegen V gar nicht zugestanden, infolgedessen habe auch K 2 eine Forderung gegen V nicht erworben und die Klage sei demgemäß abzuweisen. Diesen durchaus sachgemäßen Einwand des V hat das Gericht ausdrücklich zurückgewiesen. Es erscheint angezeigt, die höchst interessanten und vor allem für die amerikanische Anschauung vom Wesen der Zession charakteristischen Ausführungen ihrem hauptsächlichen Inhalt nach wiederzugeben:

.... But it is insisted by the counsel for the defendant (V) that D (K 1) had no cause of action against the defendant until he had paid the plaintiff (K 2) or satisfied him in some way for his claim against him; and that, not having done so, nothing passed to the plaintiff under the assignment of D to him of his demand, against the defendant founded upon the breach of warranty upon the sale by the latter to D.

This position is specious, but is it sound? We have already seen, that the cause of action of D against the defendant would become perfect when he had satisfied the claim of the plaintiff against him. Then he could either persecute the defendant himself or transfer the cause of action to another. I am unable to see why he might not satisfy the claim of the plaintiff against him and transfer the cause of action thereby created against the defendant by one and the same act. The objection is founded upon the merest form having no bearing upon the substantial rights of the parties. But the counsel says, that D must actually pay

---

[1] Vgl. Planck-Siber, Vorbemerkung zu § 398 u. S. 86.

[2] 45 N. Y. 494 Bordwell v. Collie, 1871.

the plaintiffs claim, before he has any cause of action against the defendant. This in substance he did by the assignment.

Die Entscheidung beruht also auf der Vorstellung eines inhaltlosen Anspruchs des K 1 gegen V, der sich erst durch die Abtretung an den Dritten, K 2, mit Inhalt füllt. Diese Vorstellung, welche das gemeine Recht beherrschte,[1] hat im heutigen deutschen Recht keinen Boden mehr.[2] Nach neuerer Anschauung fügt die Zession zum Entstehungs- einen Sukzessionstatbestand hinzu, bewirkt aber keine Änderung des Entstehungstatbestandes. Doch kommt das deutsche Recht auf dem Wege einer anderen Konstruktion — Schadensersatzanspruch aus fremdem Interesse auf Ersatzleistung an K 2,[3] der an K 2 abgetreten werden kann — zu demselben Ergebnis wie das gemeine und amerikanische Recht.

III. Measure of damages.

Nachdem somit Begriff und Wesen der Eviktion sowie die Komplikationen, welche sich im Falle des Weiterverkaufs ergeben können, erörtert worden sind, entsteht nunmehr die Frage nach der Höhe der Haftung, nach dem measure of damages, welches der evinzierte[4] K oder Abkäufer, soweit ihm nach dem Vorangegangenen ein unmittelbares Klagerecht zusteht, von V zu verlangen berechtigt sind.[5] Dabei handelt es sich natürlich um substantial oder actual im Gegensatz zu den oben[6] erwähnten, rein pönale Elemente enthaltenden nominal damages, d. h. um einen Schaden, welcher in Beträgen ausgedrückt werden kann, which are[7] considerable in amount and awarded as compensation for the injury actually suffered.[8]

Im Gegensatz zum deutschen (BGB § 249) geht nach eng-

---

[1] Vgl. Planck-Siber, S. 86; Rabel, Unmöglichkeit der Leistung in der Festschrift für Bekker 1907, S. 188; v. Tuhr, Eigenes und fremdes Interesse bei Schadensersatz aus Verträgen, Grünhuts Zeitschr., Bd. 25, 565, RGE 39, 254 f.

[2] Vgl. die in der vorigen Anmerkung angeführten Schriftsteller.

[3] Vgl. oben S. 64 f.

[4] Bzw. derjenige, welcher durch ein obsiegendes Urteil des Eigentümers im Besitz gestört ist, vgl. oben S. 24.

[5] Die Frage, inwieweit bereits der im ungestörten Besitz befindliche K nach den Anhängern des warranty of title-Prinzips Schadensersatz verlangen kann, wurde oben S. 26 f. behandelt.

[6] Seite 29 f.

[7] scil damages.

[8] 17 C. J. S. 716; vgl. auch zu actual damages S. 710.

lisch-amerikanischem Recht der Schadensersatzanspruch niemals auf Naturalherstellung, sondern immer auf Entschädigung in Geld. Dabei ist zu beachten der Unterschied zwischen general und special damages. General damages are such, as the law implies and presumes to have occurred from the wrong complained of. They are such as naturally and necessarily result from the wrong.[1]

Special damages are those, which are the natural but not the necessary consequence of the act complained of.[2]

Während also unter general damages derjenige Schaden zu verstehen ist, welcher als natürliche und notwendige Folge des zum Ersatz verpflichtenden Umstandes erscheint, nennt man special damages den Vermögensnachteil, der zwar auch die natürliche, aber niemals die notwendige Folge des zum Ersatz verpflichtenden Umstandes ist, vielmehr nur unter besonderen (special) Voraussetzungen eintritt. So kann der evinzierte K als general damages den Verlust der Sache oder deren Geldwert dem V in Rechnung stellen. Für diesen Verlust haftet V als für eine immer eintretende Entziehungsfolge. Als special damages kann K möglicherweise die Kosten des verlorenen Eviktionsprozesses geltend machen, aber nur dann, wenn er sich in einen Prozeß mit dem Eigentümer eingelassen hat. Da er die Sache, wie oben gesehen, auch freiwillig herausgeben darf, ist der durch die Prozeßkosten entstandene Schaden kein notwendiger, generally, immer, sondern ein nur unter der besonderen Voraussetzung des Prozeßverlustes eintretender Schade. Über die Höhe des seitens des K als general damages einklagbaren Schadens sind von den Gerichten allgemeine Regeln aufgestellt worden, über die aber lebhafter Streit herrscht.[3]

1. Common Law.

a) Nach einer weit verbreiteten Lehre ist the measure of damages the purchase price.[4] Diese Rechtsanschauung dürfte

[1] 17 C. J. S. 712.

[2] 17 C. J. S. 715.

[3] Auch über die einzelnen Posten, welche als special damages in Frage kommen; doch ist dieser Punkt weniger wichtig.

[4] 80 N. W. 91, 93 (104 Wis. 29) Düecker v. Goeres 1899; 41 Ill. 413 Harding v. Larken 1866; 1 Or. 193 Arthur v. Moß 1855; 30 Miss. 181 Noel v. Wheatly 1855; 35 S. W. 1075 (Tex) Hudson v. Norwood 1896, 45 S. E. 394 (117 Ga. 782) Smith v. Williams Syl 2; 121 S. E. 547 (S. C.) Mauldin v. Milford, 1924, Syl 7.

historisch zu erklären sein. Auch das römische Recht betrachtete ursprünglich nur den Kaufpreis als Gegenstand der actio empti,[1] und noch nach mittelalterlicher Auffassung ist die Kaufpreiszahlung mit dem Schaden identisch.[2] Mit ausführlicher Begründung wurde die Kaufpreistheorie vertreten in zwei Fällen, in denen V dem K 1 die Sache für 100[3] verkauft, K 1 die Sache dem K 2 für 150 weiterverkauft, dem K 2 nach dessen Evinzierung die 150 zurückgezahlt hatte und nun von V als Schadensersatz 150 verlangte. Die Gerichte sprachen nur 100 zu. The warrantor undertakes, by his covenant, to insure the vendee against the loss of the money invested in the purchase. The vendee cannot be compensated for the loss of a good bargain.[4] In diesen Sätzen kommt deutlich der Gedanke zum Ausdruck: Der K kann nicht Ersatz des positiven Schadens verlangen, d. h. nicht beanspruchen so gestellt zu werden, wie er stehen würde, wenn der Rechtsmangel nicht vorhanden gewesen wäre, er hat vielmehr nur einen Anspruch auf Ersatz des negativen Schadens, d. h. darauf, so gestellt zu werden, wie er stehen würde, wenn er den Vertrag nicht geschlossen hätte. The object of the law in a suit of this kind is to save the vendee from loss and restore him to that ground on which he stood before the purchase heißt es in einer alle Zweifel ausschließenden Weise in der bereits angeführten Entscheidung eines Oregoner Gerichts.[5] In dieser Entscheidung findet sich ein weiteres Argument gegen die Zuerkennung des positiven Schadens. Wollte man dem K 1 nicht nur den dem V gezahlten Kaufpreis, sondern die höhere Summe zusprechen, die er als Kaufpreis von K 2 erhalten und dann diesem nach Eviktion zurückgezahlt hat, so wäre der Kollusion zwischen K 1 und K 2 Tür und Tor geöffnet. Es sei aber nicht die Absicht des Gesetzes, to provide means for one man to make money out of the misfortunes of another.

Richtig ist daran, daß natürlich eine Kollusion zwischen K 1 und K 2 nicht außer dem Bereich der Möglichkeit liegt. Sie ist etwa in folgender Weise denkbar: K 1, in ungestörtem Besitz befindlich, erfährt den Rechtsmangel. Der Eigentümer fordert

---

[1] Vgl. Rabel, Haftung S. 143.
[2] Vgl. Rabel, Haftung S. 303 N. 1.
[3] Die Zahlenbeispiele sind verändert.
[4] 30 Miss. 181 Noel v. Wheatly, 1855.
[5] 1 Or 193 Arthur v. Moss 1855.

ihn auf, die Sache herauszugeben. Da beschließt K 1, die Situation auszunutzen. Er verkauft die Sache an einen guten Freund, den er einweiht, zu einem Phantasiepreis, der das Drei-, Vier- oder Zehnfache des dem V gezahlten Preises erreichen mag. Nachdem K 2 evinziert ist, und er von K 1 den Phantasiepreis zurückerhalten hat, verlangt dieser die dem K 2 erstattete Summe als positiven Schaden von V. Natürlich muß V gegen derartige unlautere Machenschaften geschützt werden, aber die bloße Möglichkeit, daß sie ins Werk gesetzt werden können,[1] ist kein hinreichendes Argument dafür, die Zuerkennung des positiven Schadens ein für allemal abzulehnen. Die Ausschließung des positiven Schadens ist eine unbillige Härte gegenüber K 1 vor allem dann, wenn er, etwa als Händler, von vornherein die Sache nur gekauft hat, um sie später zu höherem Preise weiterzuverkaufen. Mit großer Schärfe wendet sich denn auch Williston[2] gegen diese Rechtsprechung. Es sei eine Verletzung (violation) allgemeiner Vertragsgrundsätze, dem K denjenigen Ersatz zu versagen, as will put him in as good a position as he would have occupied had the contract been kept.[3] Mit diesen Worten ist die Forderung nach dem positiven Interesse klar und deutlich erhoben.[4]

Vom Standpunkt der Kaufpreistheorie, welche dem K lediglich das negative Interesse zubilligt, kann er natürlich als special damages die dem Eigentümer erstatteten Prozeßkosten des verlorenen Eviktionsstreits ersetzt verlangen,[5] denn hätte er den Vertrag mit V nicht geschlossen, so wäre er niemals in die Lage gekommen, sich gegen die Herausgabeklage des Eigentümers verteidigen zu müssen.[6] Ferner die Rechtsanwaltsgebühren, welche

[1] In den beiden vorliegenden Fällen war für eine Schädigungsabsicht des K 1 nicht der Schatten eines Beweises erbracht.

[2] On Sales, § 615 a, S. 1551.

[3] Denselben Standpunkt vertritt S u t h e r l a n d on Damages, 4. Auflage 1916, § 669, S. 2398.

[4] Der Sache nach ebenso S e d g w i c k on Damages, 9. Auflage, 1912, § 774, mit dem Hinweis, daß die Beschränkung des Schadensersatzanspruches auf den Kaufpreis vielleicht durch eine Verwechselung (confusion) mit dem Rechtsbehelf der rescission zu erklären sei.

[5] Vgl. die oben Seite 67, Note 4, angeführten Entscheidungen.

[6] Dieser „Kostenerstattungs"-Anspruch entsteht auch dann, wenn K dem V keine Mitteilung von dem Schweben des Eviktionsprozesses gemacht hat, ja er ist selbst dann nicht ausgeschlossen, wenn V dem K wegen Aussichtslosigkeit der Rechtsverfolgung freiwillige Herausgabe an den Eigentümer anempfohlen hatte. 229 S. W. 235 (Mo.) Roark v. Pullam, 1921, Syl 7 sowie 17 S. W. 1014 (Mo.) Matheny v. Stewart 1891, letztere Entscheidung zum Teil abweichend.

er zum Zwecke der Rechtsverfolgung im Eviktionsprozeß hat zahlen müssen,[1] aber nicht diejenigen, welche im Regreßprozeß gegen V entstanden sind.[2] Dies folgt aus dem allgemein anerkannten prozeßrechtlichen Grundsatz, daß unter die von der unterliegenden Partei zu erstattenden taxable costs nur Gerichtskosten im eigentlichen Sinne, nicht counsel fees fallen. Anders und besser § 91, II ZPO.

b) Nach einer anderen Ansicht kann K den Wert, the value,[3] ersetzt verlangen, den die evinzierte Sache gehabt hat.

α) at the time of the sale.[4]

Zur Begründung dafür, daß auf den Wert der Sache zur Zeit des sale abgestellt wird, heißt es in der oben angeführten Entscheidung des Staates Alabama: that the value is to be taken as of the time when the wrong was committed. Daraus folgt, daß das Gericht die Gewähr nicht erst durch Besitzstörung, sondern schon dann als gebrochen ansieht, wenn zur Zeit des sale ein Dritter Eigentümer ist. Steht also die Entscheidung auf dem Boden der warranty of title-Lehre, so folgt daraus ferner, daß, im Falle des contract to sell, auf den Wert nicht zur Zeit des Vertragsschlusses, sondern des von den Parteien beabsichtigten Eigentumsüberganges abzustellen ist: denn erst wenn das Eigentum zu diesem Zeitpunkt infolge Rechtsmangels nicht auf K übergeht, ist die Gewähr gebrochen.

Der in der obigen Entscheidung enthaltene Gedanke, daß es für die Höhe des Wertes auf den Zeitpunkt des wrong committed ankomme, ist durchaus sinnvoll. In der Tat muß der zum Schadensersatz verpflichtende Umstand auch für den Zeitpunkt der Interesseberechnung maßgebend sein.

β) Die Vertreter der Eviktionslehre, nach denen V nur für den Verlust der Sache als für eine Entziehungsfolge haftet, halten konsequenterweise den Wert zur Zeit der Entziehung als der erst eintretenden Nichterfüllung für entscheidend.[5]

---

[1] Vgl. 41 Ill. 413 Harding v. Larken 1866, 60 P. 601 (37 Or. 27) Balte v. Bedemiller, 1900. Vgl. auch 17 C. J. S. 809, § 135. Doch nicht unstreitig; so verwehrt 205 P. 475 (56 Cal. App. 304) Pezel v. Yerez 1922, die dem K 1 im Regreßstreit mit K 2 entstandenen Anwaltsgebühren.

[2] Vgl. 45 S. E. 394 (117 Ga 782) Smith v. Williams Syl 4.

[3] Gemeint ist: The real, d. h. der objektive Wert.

[4] 25 Ala. 217 Rowl Admiralty v. Shalton. 1854

[5] 50 N. W. 694 Close v. Crossland 1891; 76 N. W. 1019 (74 Minn. 90) Hendrickson v. Back 1898; 57 A. 889 (98 Me. 553) Pierce v. Banton 1904.

Dieses Prinzip hat sogar seinen Niederschlag in einzelstaatlichen Statutes gefunden; so bestimmt sec. 8678 Revised Codes of Montana 1921: The detriment caused by the breach of a warranty of title of personal property sold is deemed to be the value there of to the buyer when he is deprived of its possession.[1]

Der Grundsatz bedeutet also, daß der K, wenn er eine Maschine zu 75 gekauft hat, die zur Zeit der Eviktion infolge Abnutzung nur noch 25 wert ist, nur diese 25, anderseits, wenn er eine Stradivari-Geige für 100.000 gekauft, deren Wert zur Zeit der Entziehung auf 150.000 gestiegen ist, diese 150.000 von V verlangen kann.

Die unter α und β hervorgehobene, in Gesetz und Rechtsprechung zutage tretende Verschiedenheit der Auffassung hinsichtlich des für den Wert maßgebenden Zeitpunkts findet merkwürdigerweise in der Literatur kaum Beachtung.[2] So sagt Sedgwick (§ 774, S. 1619) völlig unzutreffend, nach allgemeiner Regel sei the value at the time of the sale maßgebend. Daß diese Ansicht äußerst bestritten ist und nur von einer Minderheit der Gerichte geteilt wird, scheint ihm entgangen zu sein. Umgekehrt kennt Sutherland[3] nur die Kaufpreistheorie und diejenige Werttheorie, welche den Zeitpunkt der Entwehrung für maßgeblich erachtet. Noch leichter macht es sich Elliott,[4] der einfach die Werttheorie der Kaufpreistheorie gegenüberstellt, ohne über den Zeitpunkt der Wertberechnung ein Wort zu verlieren. Freilich lassen auch manche Entscheidungen diesen Punkt im unklaren, indem sie nur allgemein von der nach dem Wert sich bemessenden Schadenshöhe sprechen.[5]

Gelegentlich findet sich die Bemerkung, falls kein Anhaltspunkt (evidence) für den Wert vorhanden sei, so müsse der Kaufpreis angesehen werden as the standard of value.[6] Auch wird der Wert manchmal dem Kaufpreis geradezu gleichgesetzt.

---

[1] Vgl. ergänzend auch § 8700. Ähnlich § 3312 Civil Code of California. 1923.

[2] Zutreffend nur Williston on Sales, § 615 a.

[3] On Damages S. 2394, Bd. 2.

[4] On Contracts § 5112, Bd. 5.

[5] Vgl. 97 Mass. 46, 49 Brown v. Pierce 1867; 31 Ill. 107 Linton v. Porter, 5 A. 150 Hoffman v. Chamberlain (40 N. J. Eq. 663) 1885, letztere Entscheidung mit ausführlicher Widerlegung der Kaufpreistheorie.

[6] Vgl. die zuletzt angeführte Entscheidung.

Unter the ordinary rule that the vendee is entitled to recover the purchase price ... that is deemed to be the value of the chattel, heißt es in einem neueren Erkenntnis des Staates Washington.[1]

Dieselbe Erscheinung, Identifizierung von Wert und Kaufpreis, ist zu beobachten im mittelalterlichen und neueren deutschen Recht.[2]

2. Sales Act.

Einen entscheidenden Schritt vorwärts in der Richtung auf das positive Interesse macht die Sales Act. Sie schreibt vor (§ 69, Abs. 6): The measure of damages for breach of warranty is the loss directly and naturally resulting in the ordinary course of events, from the breach of warranty.

Damit ist die Forderung Willistons[3] verwirklicht, daß der Käufer so zu stellen sei, wie er stehen würde, wenn der Vertrag gehalten worden, d. h. der Rechtsmangel nicht vorhanden gewesen wäre.[4] Auf Grund dieser Regel dürfte auch the loss of a good bargain zu vergüten sein, d. h. der Schaden, der dadurch entstanden ist, daß K 1, nachdem er zu günstigem Preise die Sache an K 2 verkauft hatte, diesem wegen Eviktion hat Ersatz leisten müssen.

Niemals[5] dagegen kann K die Kosten des gewonnenen Eviktionsprozesses von V ersetzt verlangen. An Kosten entstehen dem K in diesem Falle

regelmäßig: die zur Verteidigung gegen den unberechtigten Angriff des angeblichen Eigentümers aufgewendeten counsel fees. Wie bereits hervorgehoben, fallen counsel fees nicht unter die taxable costs, können also dem geschlagenen Gegner nicht auferlegt werden.

Ausnahmsweise: Die gesamten Prozeßkosten, falls nämlich der Gegner im Konkurse oder zahlungsunfähig und von ihm nichts zu erlangen ist.

Dann liegt es nahe, daß sich K an seinen Gewährsmann V hält. Doch ist dieser zur Erstattung der Kosten nicht verpflichtet,

---

[1] 208 P. 35 (120 Wash. 653) Peregrine v. West Seattle Statebank 1922 unter 2.

[2] Vgl. Rabel Haftung S. 299 zu N. 3 und 4 mit Nachweisungen.

[3] S. oben S. 69.

[4] Vgl. auch 216 N. W. 203 (N. D.) Bremen Elevator Co. v. Farmers Bank. 1927.

[5] Weder nach der Sales Act noch nach common law.

da a warranty of title... is a warranty only against a superior title and not that the title will not be disputed.[1]

F. Die Rechte des Käufers vor Besitzerlangung.[2]

Es entsteht die Frage, welche Rechte dem K zustehen, wenn er nach dem Abschluß des Vertrages, aber noch vor Übergabe, erfährt, daß die gekaufte Sache einem Dritten gehört.[3]

I. Zunächst wird der Regelfall behandelt, daß K den Kaufpreis Zug um Zug gegen Empfang der Leistung zu zahlen hat.

1. Zu dem für die delivery, die Übergabe, festgesetzten Zeitpunkt ist V selbst nicht im Besitz der Sache, sodaß er sie dem K nicht rechtzeitig anbieten kann.

a) V war zur Zeit des Vertragsschlusses, wenn auch nicht Eigentümer, so doch im Besitz der Sache, hat ihn aber nachträglich, sei es freiwillig durch Übertragung auf einen Dritten, sei es unfreiwillig, verloren. Für diesen Fall ist allgemein anerkannt, daß K berechtigt ist,

α) vom Vertrage zurückzutreten (to rescind the contract). Dies gilt sowohl für den contract to sell[4] als auch für den sale.[5] Grund: failure of consideration. K hat nichts von dem bekommen, was er haben sollte, die Leistung des V ist, da er dem K weder Besitz noch Eigentum verschafft hat, völlig ausgeblieben.

β) Schadensersatz wegen Nichterfüllung zu verlangen.[6]

---

[1] 35 Cyc. 416, sowie 257 Fed. 246, 249 Leary v. U. S. A. 1919; 221 N. Y. S. 171 (220 App. Div. 243) Allen v. Hurum 1927; anders z. B. das französische Recht, vgl. Rabel, Haftung, S. 239 mit Nachweisungen.

[2] Rein logisch wäre es richtiger gewesen, diesen Teil an die Spitze der Abteilung: Rechte des K — zu stellen und zu disponieren: Rechte des K: 1. vor Besitzerlangung, 2. im Besitz der Sache, 3. nach Besitzverlust (Eviktion). Wenn trotzdem mit den Rechten des K im Besitz der Sache begonnen wurde, so geschah es aus Gründen der Systematik. Die Grundbegriffe der Haftung ließen sich dort leichter und klarer entwickeln.

[3] Bezüglich dieses Fragenkomplexes dürfte die Sales Act das Recht des Common Law im allgemeinen nicht abgeändert haben, sodaß es sich erübrigt, die beiden Rechtsquellen getrennt zu besprechen. Auf einzelne Rechtsfortbildungen wird an gegebener Stelle verwiesen.

[4] Vgl. 125 S. E. 150 (W. Va.) Striza v. First National Bank of Princeton, 1924, Syl. 1.

[5] Vgl. 270 S. W. 478 (Ky.) Roddy v. Sosnow, 1926, buyer could withdraw from contract ist hier = buyer could rescind.

[6] Vgl. 47 S. E. 200 (119 Ga. 851) Northington Munger Pratt Co. v. Farmers Gin & Warehouse Co., 1904.

b) V war schon zur Zeit des Vertragsschlusses nicht im Besitz der Sache.

In diesem Falle ist nach älterem common law[1] eine warranty nicht implied, vielmehr gilt der Satz caveat emptor mit der Wirkung, daß K sich auf den Rechtsmangel nicht berufen darf.[2] Ebensowenig wie aus erfolgter Eviktion kann K Rechte aus dem Umstand herleiten, daß er gar nicht in den Besitz der Sache gelangt ist. Er muß, obwohl er nichts bekommen hat, beim Vertrage stehen bleiben, und ist insbesondere zur Zahlung des Kaufpreises verpflichtet.[3]

Daß die Sales Act für die Frage der Haftung des V wegen Rechtsmangels dem Besitze des V keine Bedeutung mehr beimißt und die gleiche Tendenz im neueren common law besteht, wurde bereits oben erörtert.[4] Nach dem Recht der Sales Act wäre also der Fall unter b gleich dem Fall unter a zu behandeln, d. h. sowohl Rücktrittsrecht wie Schadensersatzanspruch des K auf Grund von Sec. 69 anzuerkennen.

2. V ist im Besitz der Sache und bietet sie rechtzeitig dem K an.

Frage: Muß K die Sache annehmen und den Kaufpreis zahlen?

Hier ist zu scheiden zwischen executory contract (contract to sell) und executed contract (sale).

a) Contract to sell.

Zu der Frage wird in einer Entscheidung des Supreme Court of Wisconsin[5] ausgeführt:

It seems very plain that the seller could not compel defendant, to take and pay for logs furnished by her unless they were such as she owned and had a right to sell,[6] und sachlich entsprechend heißt es bei Williston:[7] The rule seems general in the United States that the buyer may reject the goods if they fail to conform to warranty .... of title.

Dasselbe Recht, Annahme und Bezahlung einer dem V nicht gehörenden Sache zu verweigern, steht dem K auch nach der Sale

[1] Vgl. oben S. 20.
[2] Vgl. oben S. 20 f.
[3] Vgl. 20 P. 820 (8 Mont. 380) Budd. v. Power 1889.
[4] Seite 21 f.
[5] 78 N. W. 421 (102 Wis. 241) Parish v. Mc. Phee, 1899.
[6] Vgl. auch 60 N. Y. S. 535 Ryder v. Wall, 1899.
[7] On Sales, § 184.

of goods Act zu. Nach sec. 12 dieses Gesetzes enthält jeder Kaufvertrag eine implied condition (nicht warranty wie im amerikanischen Recht), that the seller has the right to sell etc. ..... Unter condition wird verstanden a condition precedent to the liability of the other, id est of the purchaser. Das heißt: die Verpflichtungen des K sind bedingt durch das Verfügungsrecht des V. Ist V nicht verfügungsberechtigt, so entsteht keinerlei Verbindlichkeit des K: er ist insbesondere nicht gehalten, die ihm angebotene Sache anzunehmen und den Kaufpreis zu zahlen.[1]

Über den Unterschied der Begriffe condition und warranty ist viel geschrieben worden.[2] Für die Rechtsmängellehre hat er eine verhältnismäßig geringe Bedeutung. Der amerikanische warranty-Begriff enthält die wesentlichen Elemente der englischen condition. Dies zeigt sich vor allem darin, daß die amerikanischen Gerichte, trotzdem nach amerikanischem Recht der Kaufvertrag keine condition, sondern nur eine warranty enthält, in der Frage der Annahmepflicht ebenso entscheiden wie die Sale of goods Act.

Aus der vom englischen sowohl wie vom amerikanischen Recht dem Käufer zugebilligten Befugnis, die Annahme einer fremden Sache zu verweigern, ist zu folgern, daß K, wenn er in Unkenntnis des Rechtsmangels die Sache angenommen hat und ihn erst später entdeckt, das Recht haben muß, dem V die Sache zurückzugewähren und den Kaufpreis zurückzuverlangen. Das unbestrittene Recht des K, die Annahme einer einem Dritten gehörigen Sache zu verweigern, ist somit ein weiteres Argument für die Richtigkeit derjenigen Entscheidungen, welche dem im ungestörten Besitz befindlichen K ein Rücktrittsrecht zubilligen.[3] Dieser Gesichtspunkt wird, soweit ersichtlich, nur in einer einzigen Entscheidung hervorgehoben.[4] Nachdem der Richter das Recht des K unterstrichen hat, at any time before the delivery of the property den Vertrag aufzulösen und die Annahme zu verweigern, fährt er fort: This being so, it must, in my opinion, follow, as a matter of reasoning, that where goods are delivered and excepted by the vendee without any knowledge of the existence of the facts constituting a breach of warranty, that upon the discovery of such fact he shall have the right to rescind the contract upon tendering back the property purchased.

[1] Vgl. dazu Tiffany, On Sales, S. 245, Note 98.

[2] Vgl. auch den Artikel „Bedingung“ im Rechtsvergleichenden Handwörterbuch, Bd. II, 4./7. Lieferung v. Schwarz.

[3] Vgl. über die Streitfrage oben S. 39 ff.

[4] 3 P. 581 (Wash.) Baker v. Mc. Allister, 1881.

b) Sale.

Aus der Tatsache, daß Williston die obige Regel nur für den contract to sell aufstellt[1] und auch die angeführten Entscheidungen nur den executory contract zu treffen scheinen, dürfte sich, arg e contr., ergeben, daß, im Falle des sale, eine Annahme- und Zahlungspflicht des K begründet ist. Ausdrücklich ausgesprochen ist ein solcher Satz freilich nirgends,[2] auch kein Grund ersichtlich, weshalb K schlechter zu stellen wäre, wenn nach der Parteiabsicht das Eigentum bereits mit dem Abschluß des Vertrages, als wenn es erst mit der delivery übergehen sollte. Maßgebend kann meines Erachtens nur sein, ob K das Eigentum tatsächlich bereits erworben hat oder nicht. Da im Falle des Rechtsmangels K nicht Eigentümer wird, einerlei, ob contract to sell oder sale vorliegt, so müssen beide Fälle gleich behandelt werden. Der unterschiedlichen Behandlung von contract to sell und sale in Ansehung der Annahmepflicht dürfte, wenn überhaupt, eine Berechtigung zuzusprechen sein nur für den Fall von Sachmängeln. Da beim Vorliegen von Sachmängeln der Eigentumsübergang sich nach dem Willen der Parteien vollzieht, im Falle des sale also das Eigentum wirklich übergeht, so beruht es auf einer vernünftigen Erwägung anzuordnen: Wenn das Eigentum bereits übergegangen ist (sale): Annahmepflicht und Zahlungspflicht; wenn es noch nicht übergegangen ist (contract to sell) keine Annahme- und Zahlungspflicht. Offenbar wird in der amerikanischen Rechtslehre und Rechtsprechung sale immer einheitlich behandelt, und nicht genügend gewürdigt, ob das Eigentum tatsächlich übergegangen ist oder nicht.

Ist nach common law die Rechtslage zweifelhaft, so dürfte jedenfalls die Sales Act keine Handhabe mehr zu einer unterschiedlichen Behandlung bieten. Sec. 69, welche von den remedies of the buyer for breach of warranty handelt, macht keinen Unterschied nach der Richtung, ob contract to sell oder sale vorliegt. Wenn es in Abs. 1 d heißt: the buyer may rescind the contract to sell or the sale and refuse to receive the goods, so dürfte aus dieser Vorschrift zu entnehmen sein, daß auch im Falle des sale, wo die Gewähr bereits mit Abschluß des Vertrages gebrochen, K berechtigt ist, die Annahme der Sache zu verweigern und

---

[1] Arg.: Überschrift des Kapitels und die den oben angeführten nachfolgenden Sätze (a. a. O., § 184).

[2] Vgl. auch — sehr weit, wahrscheinlich ungenau gefaßt — 35 Cyc. 160 zu Note 25, sowie Tiffany, S. 245, Note 98.

vom Vertrage zurückzutreten. Dieses Ergebnis entspricht sowohl der Billigkeit, als auch der allgemeinen Tendenz der Sales Act, die bei Vertragsbruch des V dem K zustehenden Rechte auszudehnen.

II. Wie ist die oben S. 73 gestellte Frage zu beantworten, wenn ein Pränumerationskauf vorliegt, d. h. Ware und Preis nicht Zug um Zug, sondern der Kaufpreis vorzuleisten ist, und V erst nachher sowohl die Eigentums- als auch die Besitzübertragung vorzunehmen hat? Kann K unter Berufung auf den Rechtsmangel die Zahlung verweigern, ferner vom Vertrage zurücktreten und bereits geleistete Zahlungen zurückverlangen?

Die Sales Act hat das Recht des common law ohne Abänderung übernommen[1] und klar formuliert. Sec. 63, Abs. II, S. 1 lautet: Where, under a contract to sell or a sale, the price is payable on a day certain irrespective of delivery or of transfer of title, and the buyer wrongfully neglects or refuses to pay such price, the seller may maintain an action for the price although the property has not passed....

Diese Bestimmung ist deshalb notwendig, weil grundsätzlich die Kaufpreisklage abhängig ist von der Voraussetzung, daß under a contract to sell or sale the property has passed to the buyer.[2] Nachdem das Gesetz eine Ausnahme von der Regel für den Pränumerationskauf statuiert hat, fährt es im nächsten Satz fort: But it shall be a defense to such an action that the seller at any time before judgment in such action has manifested an inability to perform the contract to sell or the sale on his part or an intention not to perform it.

Es kommt also hiernach darauf an, wann man davon sprechen kann, daß the seller has manifested an inability to perform the contract, das Unvermögen des V zur Vertragserfüllung zutage getreten ist. In diesem Falle steht dem K eine defense gegen die Kaufpreisforderung zu. V wird mit der Klage abgewiesen. Das Problem kann in verschiedenen Varianten auftreten.

1. V ist bereits zur Zeit des Vertragsschlusses nicht Eigentümer der verkauften Sache gewesen.

2. Er hat das Eigentum erst nach Vertragsschluß verloren, sei es, daß er die Sache an einen Dritten veräußert hat, sei es, daß er z. B. enteignet worden ist.

Die Rechtsprechung behandelt vorwiegend den Fall unter 2.

---

[1] Williston, On Sales, § 560 a.

[2] S. oben Seite 36 ff. und § 63, Abs. 1.

— nachträgliche Veräußerung an einen Dritten — doch wird der Fall unter 1. diesem gleichgestellt: so far as the performance of his contract was concerned the vendor[1] was in no better attitude than one who has disabled himself from carrying out a contract of sale by selling the property to another.[2]

Wann der Begriff der inability als erfüllt anzusehen ist, darüber herrscht in der Rechtsprechung Streit. In der Hauptsache lassen sich wohl drei verschiedene Ansichten feststellen.[3]

a) Veräußert V nach Vertragsschluß die Sache an einen Dritten, so macht er sich selbst die Erfüllung unmöglich (he disables himself). K braucht folglich gemäß der Regel von sec. 63, Abs. II, Satz 2 nicht zu bezahlen.[4]

Die Vertreter dieser Ansicht verkennen den Begriff der inability im Sinne des Gesetzes. Nicht darauf kommt es an, ob V zur Zeit der Vorleistungspflicht des K in der Lage ist, die ihm obliegende Leistung zu bewirken, sondern ob er dazu außerstande sein wird, an dem für ihn, V, bestimmten Leistungstermin. Eine dahingehende Feststellung ist aber nicht schon dann getroffen, wenn sich herausstellt, daß V gegenwärtig nicht Eigentümer ist. Er mag das Eigentum rechtzeitig erwerben oder zurückerwerben.

b) Daraus leitet nun eine andere, der ersten entgegengesetzte Meinung her, daß der vorleistungspflichtige K in jedem Falle zahlen müsse. Da immer mit der Möglichkeit des rechtzeitigen Eigentumserwerbs durch den V zu rechnen sei, so könne sich K niemals zu seiner Verteidigung auf den gegenwärtigen Mangel des Eigentums berufen.[5]

---

[1] Scil. der bereits zur Zeit des Vertragsschlusses nicht Eigentümer war.

[2] 83 Fed. 824, 829 Gray v. Smith, 1897.

[3] Die Rechtsmängelhaftung des V beim Pränumerationskauf ist fast nur beim Grundstückkauf praktisch geworden, doch bestehen mit Williston, On Sales, § 578, N. 90, keine Bedenken, die von der Rechtsprechung dort ausgebildeten Grundsätze auch auf den Kauf beweglicher Sachen anzuwenden. Im übrigen sind sämtliche im Folgenden angeführten Erkenntnisse common law-Entscheidungen. Entscheidungen auf Grund der Sales Act sind, soweit ersichtlich, noch nicht ergangen.

[4] In diesem Sinne 39 N. E. 486 (163 Mass. 134) Ft. Payne Coal Co. v. Webster, 1895; 82 N. Y. 108 James v. Burchell, 1880. Letztere Entscheidung betr. Nebenverpflichtungen des K; 50 A. 229 (220 Pa. 618) Brodhead v. Reinbold, 1901.

[5] Vgl. z. B. 32 P. 320 (97 Cal. 335) Joyce v. Shafer, 1893; 41 P. 857 (109 Cal. 125) Gerberino v. Roberts, 1895; 33 P. 848 (99 Cal. 259) Shively v. Semi-Tropic Co., 1893; 137 P. 21 (166 Cal. 426) Parkside Realty Co. v. Mc. Donald, 1913; 39 P. 952 (11 Wash. 342) Webb v. Stephenson, 1895.

Diese Auffassung ist nicht nur im Ergebnis höchst unbillig, sie ist auch juristisch unhaltbar. Zum mindesten muß dem K der Beweis offenstehen, daß V zur gegebenen Zeit zur Erfüllung nicht in der Lage sein wird.[1] Diesen Beweis würde er z. B. dadurch erbringen, daß er eine Erklärung des derzeitigen Eigentümers vorlegt, wonach dieser unter keinen Umständen zur Aufgabe des Eigentums bereit ist. Aber der Unmöglichkeitsbeweis wird in dieser Form praktisch schwer zu führen sein, weil der Eigentümer entweder nicht gewillt sein mag, eine derartige Erklärung dem K abzugeben, oder gar nicht bekannt oder unauffindbar ist. K bliebe bei solcher Auslegung des Gesetzes so gut wie ungeschützt.

c) Hier setzt eine dritte, neuere und beifallswerte Lehre ein. Nach ihr ist inability des V nicht erst dann anzunehmen, wenn keinerlei Aussicht auf den Erwerb des Eigentums vorhanden, ein solcher außer dem Bereich der Möglichkeit liegt — das hieße den Begriff der inability überspannen — sondern bereits, wenn erwiesen, daß V keinen Rechtsanspruch auf Übertragung, bezw. Rückübertragung gegen den derzeitigen Eigentümer hat. Trefflich formuliert Williston:[2] Maßgebend ist, ob V though not owning the property was in a position by contract, or otherwise, to obtain . . . a title irrespective of the consent of any other party. Ergibt sich also im Prozeß, daß V, als er die Sache an einen Dritten veräußerte, sich ein Wiederkaufsrecht nicht vorbehalten oder daß der derzeitige Eigentümer an ihn eine bindende Kaufofferte nicht gerichtet hat, so folgt daraus die inability des V im Sinne mangelnden Rechtsanspruchs auf Übereignung.[3] Dem K steht ein defense zu, und V wird mit der Kaufpreisklage abgewiesen.

Es versteht sich meines Erachtens von selbst, daß K, soweit ihm wegen inability des V eine defense, eine Einrede, gegen die Kaufpreisforderung eingeräumt wird, auch berechtigt sein muß, vom Vertrage zurückzutreten und etwa geleistete Zahlungen zu-

[1] Diesen Beweis scheint freilich 32 P. 320, Joyce v. Shafer 1893, als einzige der angeführten Entscheidungen zulassen zu wollen, wenn es heißt: It would be incumbent upon him (scil. K.) ... to ... show that at the time of performance the vendor could not furnish the title.

[2] § 878, on Contracts.

[3] Vgl. sachlich übereinstimmend, wenn auch anders formuliert: 140 P. 30 (167 Cal. 522) Brimmer v. Salisbury, 1914, woselbst eine ausgezeichnete Übersicht über die bisherige Rechtsprechung; vgl. auch 196 P. 44 (185 Cal. 121) Heden v. Point Reyes Land Co., 1921, 197 P. 661 (Cal.) Maloney v. Houston, Syl. 1, 1921.

rückzuverlangen. Natürlich kann sich der K dabei niemals auf breach of warranty berufen, denn V leistet Gewähr nur dafür, daß er zur Zeit des von den Parteien beabsichtigten Eigentumsübergangs das Recht hat, über die Sache zu verfügen, nicht aber, daß er bereits zur Zeit des Vertragsschlusses und darüber hinaus bis zur Vornahme des Übertragungsakts Eigentümer ist. Die Gewähr kommt also im Falle des Pränumerationskaufs zur Zeit der Leistungspflicht des K noch gar nicht zum Zuge. Rechtsgrund für den Rücktritt ist vielmehr prospective failure of consideration, das zu erwartende Ausbleiben der Gegenleistung, das, wie Williston[1] überzeugend darlegt, dem actual failure of consideration gleichgesetzt werden muß.

G. Würdigung des amerikanischen Haftungssystems.

Überblickt man die hier versuchte Darstellung der Rechtsmängelhaftung des Verkäufers, so drängt sich die Frage auf: Liegt dem amerikanischen Recht ein einheitliches Haftungssystem zugrunde, und, wenn ja, wie sieht dieses System aus? Wie kann man es bezeichnen?

Daß das amerikanische Recht nicht dem Eigentumsverschaffungsprinzip des BGB huldigt, wurde bereits oben dargelegt.[2] Mit Recht hat schon Rabel ausgesprochen, die amerikanische common law-Praxis stehe überwiegend unter dem Banne der orthodoxesten Eviktionslehre.[3] Allerdings gehören zu den Gerichten, welche die Eviktionslehre ausdrücklich ablehnen und sich auf den Boden des warranty of title-Prinzips stellen, nicht nur die von Rabel hervorgehobenen Gerichte von Massachusetts und Kentucky, sondern auch andere, deren Rechtsprechung Rabel damals wohl nicht zugänglich gewesen ist, nachweisbar die von Tennessee, West-Virginia, ursprünglich auch South Carolina[4] und Alabama.[5] Diese Aufzählung ist aber nicht erschöpfend, vor allem darf man daraus nicht folgern, alle anderen Gerichte seien Anhänger der Eviktionslehre. Eine Anzahl von Gerichten hat, soweit ersichtlich, niemals Gelegenheit gehabt, in dem Streit der Meinungen unzweideutig Partei zu er-

---

[1] Vgl. über die Lehre ausführlich. On Sales, § 576, On Contracts § 875, mit Nachweisungen.

[2] Seite 16 ff.

[3] Haftung, S. 285.

[4] Oben Seite 22, Note 2.

[5] Oben Seite 70 b *a*.

greifen; so bleibt ihre Stellungnahme im Dunkeln.[1] Wenn angesehene Schriftsteller wie Kent[2] von einer wichtigen Grundfrage sagen, sie sei in a state of painful uncertainty, und Mechem die ganze Rechtsmängelhaftung als unsettled law bezeichnet,[3] Williston von confusion redet,[4] so ist es bei diesem Stande der Lehre zweifelhaft, ob man von einem einheitlichen System sprechen kann.

Die vorstehenden Ausführungen sowie die Bemerkung Rabels beziehen sich aber nur auf das common law. Es ist interessant zu sehen, daß sich die Sales Act in unmißverständlicher Weise gerade der Minderheit derjenigen Gerichte angeschlossen hat, welche nicht die Eviktionslehre, sondern konsequent das warranty of title-Prinzip vertreten. Wenn die Sales Act neben der warranty of quiet injoyment den V dafür gewährleisten läßt, that he has the right to sell, so ist ein solcher Rechtssatz mit den daraus zu ziehenden Konsequenzen, insbesondere der Anerkennung des Rücktrittsrechts des im ungestörten Besitz befindlichen K[5] mit der Eviktionslehre schlechthin unverträglich. Positiv ist das System der Sales Act am besten zu kennzeichnen als System des Garantieversprechens, insofern es den V zwar nicht zur Eigentumsverschaffung verpflichtet, wohl aber ihn die Eigentumsübertragung versprechen und für den ausbleibenden Erfolg haften läßt.

Dagegen kann man nicht einwenden, dem K stehe auch nach der Sales Act die Einrede des nichterfüllten Vertrages gegen die Kaufpreisforderung des V erst nach Eviktion zu,[6] jedenfalls enthalte sie keine das Gegenteil ausdrücklich anordnende Vorschrift, folglich gelte noch immer das Eviktionssystem. Das wäre ebenso, wie wenn man sagen wollte, das BGB stehe, da es dem K erst nach Entwehrung einen Schadensersatzanspruch gibt, auf dem Boden der Eviktionslehre. Im einen wie im andern Falle handelt es sich vielmehr um Ausnahmen von der Regel, welche im Interesse der Billigkeit statuiert sind und keineswegs als Erkenntnisquellen für das zugrundeliegende System gewertet werden dürfen. Verlangt doch sogar Siber[7] mit Rücksicht auf gewisse Unbillig-

---

[1] Vgl. Burdick, On Sales, S. 112, zu Note 3, der die Anhänger des warranty of title-Prinzips hervorhebt und fortfährt: and perhaps other jurisdictions.

[2] Commentaries, S. 787.

[3] § 1300; some points are clear, fügt er resigniert hinzu.

[4] § 615, On Sales.

[5] Vgl. darüber oben S. 41.

[6] Vgl. oben S. 36 ff.

[7] Rechtszwang, S. 161 ff.

keiten des Ergebnisses eine mit dem Wortlaut des § 433 nicht übereinstimmende Einschränkung der dem V obliegenden Verschaffungspflicht. Selbst wenn sich die Praxis ihm anschließen und z. B. den V, der im besten Glauben vom Dieb erworben und weiterverkauft hat, von der Verschaffungspflicht zugunsten einer Ersatzleistung in Geld befreien würde, so könnte doch dadurch das Prinzip selber nicht in Frage gestellt werden.

Genau so ist es im amerikanischen Recht. Es wurde oben[1] gezeigt, daß die vom BGB dem im ungestörten Besitz befindlichen K gewährte Einrede des nichterfüllten Vertrages in manchen Fällen eine Härte gegen V bedeutet. Um diese Härte zu vermeiden, verwehrt das amerikanische Recht systemwidrig, d. h. nicht weil es der Eviktionslehre folgt, sondern obwohl es grundsätzlich auf dem Boden des Garantieversprechens steht, dem K die Einrede.

Zusammenfassend darf man sagen:

Während das common law ein einheitliches Haftungssystem nicht kennt, immerhin die Mehrzahl der Entscheidungen nur vom Standpunkt der Eviktionslehre aus zu verstehen ist, hat die Sales Act im Anschluß an das von der Minderheit vertretene warranty of title-Prinzip sich zu einem System des Garantieversprechens bekannt. Dieses System steht in der Mitte zwischen Eviktionslehre und Eigentumsverschaffungsprinzip, tendenzmäßig dem letzteren näher.

[1] Seite 34.

Literatur-Verzeichnis.

Addison, Law of Contracts, 1911, 11. Auflage.
American and English Encyclopaedia of Law, 2. Aufl., beginnend 1896.
American Law Reports-annotated = ALR., beginnend 1919.
Anson, On Contracts. 4. amerikanische Auflage, 1924, herausgegeben von Corbin.
Ashley, The Law of contracts, 1911.
Benjamin, The general principles of the american Law of the sale of goods, 2. Auflage, 1901.
Benjamin, On sale, 6. Auflage, 1920.
Black, On rescission and cancellation. 2. Auflage, 1929, 3. Bd.
Brantly, On contracts. 2. Auflage, 1922.
Burdick, On sales. 3. Auflage, 1913.
Chalmers, Sale of goods. 10. Auflage, 1924.
Clark, New York Law of contracts. 1. Auflage, 1922. 2 Bände.
Corpus Juris, Being a complete and systematic statement of the whole body of the Law. Beg. 1914.
Cosack-Mitteis, Lehrbuch des Bürgerlichen Rechts, Bd. II, 1. 7./8. Auflage, 1924.
Cyclopaedia of Law and Procedure, Bd. 35. 1910.
Elliott, On contracts, 1913. 1. Auflage. 7 Bände.
Enneccerus, Recht der Schuldverhältnisse, Bd. I, 2, 23./27. Aufl., 1927.
Harriman, On Contracts. 2. Auflage, 1901.
Helm, On Contracts, 1. Auflage, 1926.
Kents, Commentaries on American Law. Bd. II, 14. Auflage, 1896.
Kommentar von Reichsgerichtsräten zum BGB, 6. Auflage, 1928.
Lawrence, In Equity Jurisprudence. Bd. II, 1929.
Lawson, On Contracts. 3. Auflage, 1923.
Lawyers Reports annotates = L. R. A. New Series — beginnend 1906.
Mechem, On Sales. Bd. II, 1. Auflage, 1901.
Page, On the Law of Contracts. 2. Auflage, 1920, 7. Bd.
Planck's Kommentar zum Bürgerlichen Gesetzbuch. Recht der Schuldverhältnisse. 4. Auflage, 1914.
Pomerys, Specific performance of contracts. 3. Auflage, 1926.
Rabel, Grundzüge des römischen Privatrechts in Enzyklop. der Rechtswissenschaft von Holtzendorff-Kohler. 7. Auflage. 1. Bd. 1915
Rabel, Haftung des Verkäufers wegen Mangels im Recht. 1902.
Rabel, Unmöglichkeit der Leistung, in Festschrift für Becker. 1907.
Ruling, Case Law. Beginnend 1914 = R. C. L.
Sedgwick, On Damages, 9. Auflage, Bd. II. 1912.

Schirrmeister-Prochownick, Das Bürgerliche Recht Englands. (Kommentar), Bd. II, Obligationenrecht, 5. u. 6. Lieferung. 1912/13.

Schlossmann, Anspruch usw. auf Herbeiführung eines Rechtserfolges. Jehrings Jahrbuch 45, 97 ff.

Siber, Rechtszwang im Schuldverhältnis. 1903.

Staudinger, Recht der Schuldverhältnisse. II. Teil. Erläutert von Kober. 9. Auflage. 1928.

Sutherland, On Damages, Bd. II. 4. Auflage. 1916.

Tiffany, On Sales. 2. Auflage. 1908.

Tore-Almén, Das skandinavische Kaufrecht. Deutsche Ausgabe von Neubecker. Bd. II, III. 1922.

v. Tuhr, Eigenes und fremdes Interesse bei Schadensersatz aus Verträgen. GrünhutsZ. 25, 529 ff.

Wald's Pollock, On Contracts. 3. Auflage, herausgegeben von Samuel Williston. 1906.

Williston, On Contracts. 5. Bd. 1924.

Williston, On Sales. 2. Auflage. 2. Bd. 1924.

Zeitschrift für ausländisches und internationales Privatrecht. 1. Jhg. 1927, S. 189.

* * *

Erklärung der Zitierweise: Die amerikanische und englische Zitierweise ist beibehalten worden. Vgl. eine ausführliche Erklärung bei Kessler, Die Eheschließung nach dem Recht der Vereinigten Staaten von Amerika. Sonderabdruck aus der Ztschr. f. ausländ. und internationales Privatrecht, S. 4.

Druck von Ferdinand Berger in Horn, Nied.Österr.

Kolibri 360 GmbH
Ferdinand-Jühlke-Straße 7
99095 Erfurt, Deutschland
produktsicherheit@kolibri360.de